"一带一路"专业气象系列丛书

丛书主编：柳艳香
副 主 编：王 志

气象与交通

主　编：吴　昊
副主编：冯蜀青　宋建洋
编写组：（按音序排列）
　　　　李蔼恂　廖妍妮　马旭屹　苗　蕾
　　　　师金辉　田旭东　王海娥　张楷翊

气象出版社
China Meteorological Press

内容简介

交通运输是"一带一路"建设的先行官,但由于受地理气候、经济发展等因素的影响,致使沿途各国的交通环境信息差异较大。本书从交通资源与交通气象的角度入手,重点介绍了古代丝绸之路、现代丝绸之路、"一带一路"经济走廊的交通运输特点及建设情况,还呈现了亚、欧、非三大洲 10 个区域的天气气候、交通高影响天气、主要交通气象灾害、气象服务保障等信息。

本书内容丰富、结构清晰、视野开阔、主题突出、特色明显、行文简洁、图文并茂、通俗易懂,是一本宣传和普及"一带一路"区域交通运输建设及交通气象服务科学知识的图书。

图书在版编目(CIP)数据

气象与交通/吴昊主编. ——北京:气象出版社,2019.10
("一带一路"专业气象系列丛书/柳艳香主编)
ISBN 978-7-5029-7077-2

Ⅰ.①气… Ⅱ.①吴… Ⅲ.①气候影响—交通运输—概况—世界 Ⅳ.①U491.2

中国版本图书馆 CIP 数据核字(2019)第 238463 号

气象与交通
Qixiang yu Jiaotong
吴 昊 主编

出版发行:气象出版社

地　　址:	北京市海淀区中关村南大街 46 号	邮政编码:	100081
电　　话:	010-68407112(总编室)　010-68408042(发行部)		
网　　址:	http://www.qxcbs.com	E-mail:	qxcbs@cma.gov.cn
责任编辑:	张锐锐　姜帆	终　审:	吴晓鹏
责任校对:	张硕杰	责任技编:	赵相宁
封面设计:	地大彩印设计中心		
印　　刷:	北京中石油彩色印刷有限责任公司		
开　　本:	720 mm×960 mm　1/16	印　张:	9.875
字　　数:	200 千字		
版　　次:	2019 年 10 月第 1 版	印　次:	2019 年 10 月第 1 次印刷
定　　价:	48.00 元		

本书如存在文字不清、漏印以及缺页、倒页、脱页等,请与本社发行部联系调换。

目 录
Contents

第一章 古代丝绸之路与气象

第一节 古代陆上丝绸之路   2

第二节 古代海上丝绸之路   10

第三节 古代丝绸之路与气象   16

第二章 现代"一带一路"地区交通

第一节 东亚   27

第二节 东南亚   35

第三节 南亚   43

第四节 中亚   51

第五节 西亚   59

第六节 东欧   65

第七节 南欧   70

第八节 中欧   75

第九节 北非   80

第十节 东非   85

第三章 "一带一路"地区交通高影响天气

第一节	东亚	91
第二节	东南亚	99
第三节	南亚	102
第四节	中亚	106
第五节	西亚	110
第六节	东欧	115
第七节	南欧	117
第八节	中欧	121
第九节	北非	126
第十节	东非	130

第四章 "一带一路"经济走廊与气象

第一节	经济走廊交通建设	135
第二节	气象监测网络	140
第三节	气象保障服务	145
第四节	交通气象保障着力点	152

第一章
古代丝绸之路与气象

自习近平总书记于2013年提出共建"丝绸之路经济带"和"21世纪海上丝绸之路"的重大倡议以来,"一带一路"倡议得到国际社会高度关注。这条被认为"世界上最长、最具发展潜力的经济大走廊"是在古丝绸之路概念基础上形成的,是对延绵万里、延续千年的丝路精神的一种拓展和延续。

古丝绸之路是活跃在古代中国中原地区与西域、中亚、南亚以及欧洲、非洲之间的一条长途商业贸易和文化交流线路,最早由德国地质地理学家李希霍芬在其著作《中国》中命名,大致呈现"陆上三条,海上两条"的格局。"陆上丝绸之路"是旧大陆的洲际陆桥,在运输丝绸、瓷器等商品的同时,也开启了东西方之间政治、文化交流序幕与进程。唐代以后,西北因战乱频繁、经济文化停滞,丝绸之路趋于衰落,有时甚至中断。"海上丝绸之路"是已知最古老的海上航线,随着我国政治经济重心东移,海上交通大开,于唐宋时期繁荣,于明清时期转衰。

横亘东西的丝绸之路,所经地区分布着无数的冰山雪岭、戈壁沙漠。异常严峻的自然条件和地理环境，除了造就交通本身的复杂特色外，还因生态环境相对脆弱，更容易受到气候变化的影响。本章将重温丝绸之路，追溯气候影响下的交通变迁及兴衰演变，以最充分的准备踏入新的旅程，迎接新丝绸之路铸就的时代辉煌。

第一节 古代陆上丝绸之路

丝绸之路，是西汉时张骞出使西域开辟的以长安（今西安）为起点，经甘肃、新疆，到中亚、西亚，并连接地中海各国的陆上通道。因为由这条路西运的货物中以丝绸制品的影响最大，故得此名。为区别另外两条冠以"丝绸之路"名称的交通线路，也被称为"陆上丝绸之路"。

"陆上丝绸之路"将中原、西域与阿拉伯、波斯湾紧密联系在一起，最迟在战国时期已经出现，基本走向定于两汉时期，并经几个世纪，不断向西伸展到了地中海，向东到达了朝鲜、日本，直至16世纪仍保留使用。大西北的沙漠地带是中西交通线路的必经之地，运输工具通常为马和骆驼。线路大体可分为3条：

① 西北丝绸之路，一条由东向西构成的古代丝绸路线的主要路线。

② 北方道，由亚洲草原民族开通，是一条早于张骞打通的路线，也称为"草原丝绸之路"。

③ 西南道，继张骞打通西域后，又一条南方地区对外连接的通道，也称为"南方丝绸之路"。

1. 西北丝绸之路

西北丝绸之路，首先要从它的咽喉——河西走廊讲起。河西走廊位于黄河以西，东南起于乌鞘岭，西至敦煌古玉门关，南北介于南山和北山间，是一处东西狭长约1200千米的形似走廊的地带。就地形而言，东南为山麓丘陵地带，高度在2000米左右；向北为扇形碟石冲积地带，高度约2000～

1500米；再北为冲积平原，高度在1400米以下，为农业生产的集中地区。

公元前5世纪，随着河西走廊的开辟，西域地区诸如鄯善、龟兹等国家纷纷出现。由于气候处于冷湿时期，诸多城镇环境较好，幅员辽阔，一片繁荣景象。公元前2世纪，西汉王朝国力日渐强盛，汉武帝刘彻派遣张骞前往西域，经河西走廊，越葱岭，到达大宛（今乌兹别克斯坦境内），在试图联络共同对抗匈奴的同时，也开启了同西域各国友好交往的大门。

虽然丝绸之路是沿线各国共同促进经贸发展的产物，但很多人认为，是西汉张骞凿空西域，成功将东西方之间最后的珠帘掀开，也使其开辟的交通路线逐渐成为中国和西方通商贸易和交往的主干道。为了促进交流，汉武帝还招募了大量商人到西域各国经商，吸引更多人从事丝绸之路上的贸易活动；出于对丝路上安全状况的考虑，也为了加强对西域的控制，汉宣帝设立了西域都护府。从此，各国使者、商人、传教士等来往络绎不绝，商贸与文化交流日益频繁，造就了"驼铃古道丝绸路，胡马犹闻唐汉风"的景象，佛教也第一次传入中国。

公元16年，西域诸国断绝了与大新帝国的联系，丝绸之路中断。公元73年，班超又重新打通隔绝58年的丝绸之路，将起点东移至东汉的首都洛阳，并向西从亚洲延伸至欧洲。至此，西北丝绸之路的基本走向形成，沟通了欧非大陆的陆路通道。这条路线以长安（今西安）或洛阳为起点，经河西走廊至玉门、新疆，越过帕米尔高原进入中亚、南亚、西亚，抵地中海东岸。大体干线总长7000多千米，中国境内达4000多千米。

西北丝绸之路在我国境内的路线可以分为敦煌以东和敦煌以西两段，大体上都有北、中、南3条。

敦煌以东，线路比较分歧，其中北线路程较短，但沿途补给条件差；南线补给条件好，但绕道较长。因此，中线后来成为主要干线。

北线：沿径河西北向，经今永寿长武、泾川、平凉，过六盘山，经固原、景泰在今五佛寺一带渡河沿长城经古浪大靖、武威、山丹、张掖、酒泉、安西而到敦煌，经古玉门关接天山北路。

中线：经凤翔、千阳、陇县越陇关，又经清水、秦安、天水、陇西、渭源、临洮、兰州越乌鞘岭至武威，以后线路与北线同。

南线：临洮以东与中线同。临洮以西，过洮河后经临夏、永靖在炳灵寺一带渡过黄河，经民和、乐都、西宁北上大通，经扁都口越祁连山到张掖；以西线路与北线同。

敦煌以西，受地形、水源条件的限制，线路比较固定。

北线：天山北麓、准噶尔盆地南缘线。

中线：天山南麓、塔里木盆地北缘线。

南线：昆仑山北麓、塔里木盆地南缘线。

在汉代，自玉门关、阳关出西域分南北两道，分叉点就在楼兰。北道西行，经今库尔勒、库车、阿克苏至喀什。南道自鄯善（今若羌），经且末、精绝（今民丰尼雅遗址）、于阗（今和田）、皮山、莎车至喀什，西逾葱岭则出大宛。继续西行可至大夏（在今阿富汗）、粟特（在今乌兹别克斯坦）、安息（今伊朗），最远到达犁靬（在埃及的亚历山大城）。另外，还可以从皮山西南行，越悬渡（今巴基斯坦达丽尔），经罽宾（今阿富汗喀布尔）、乌弋山离（今锡斯坦），西南行至条支（在今波斯湾头）。如果从罽宾向南行，至印度河口（今巴基斯坦卡拉奇），转海路也可以到达波斯和罗马等地。

历史上的丝绸之路也不是一成不变的，随着地理环境的变化和政治、宗教形势的演变，不断有一些新的道路被开通，也有一些道路的走向有所变化，甚至废弃。东汉时期，内患加西域动乱，玉门关经常关闭，最终导致丝路东段天山北南路的交通陷入半通半停的状态。而出玉门关后，需穿行白龙堆、哈拉顺和塔克拉玛干大沙漠，条件恶劣，道路艰难。特别是雅丹地形的白龙堆，经常使行旅迷失方向。于是，由敦煌北上伊吾的"北新道"应运而生，成为隋唐时期的一条重要通道。魏晋南北朝时期，南北分裂的形势下，南朝与西域的交往大都沿长江到达今天的成都，再北上经青海湖畔的吐谷浑都城，西经柴达木盆地到敦煌，与丝路干道会合；或更向西越过阿尔金山口，进入西域鄯善地区，与丝路南道合，这条路也被称为"青海道"。

唐代是西北丝绸之路的鼎盛时期。受统治者的关注，玉门关得以重修，并再度开放沿途各关隘，将西线打通至中亚。丝绸之路的东段再度开放，新的商路支线被不断开辟，加上这一时期东罗马帝国、波斯保持了相对的稳定，令这条商路以长安和洛阳为中心，形成完善畅通的中外交通路线，可到达东南亚、南洋、印度、朝鲜、日本。西北可通中亚、西伯利亚，经丝绸之路可通中亚、西亚、南亚，到达地中海、红海和波罗的海。

经过安史之乱的唐朝开始衰落，西藏吐蕃侵占了西域的大部；中国北方地区战火连年，丝绸、瓷器的产量不断下降，商人也唯求自保而不愿远行，丝绸之路逐渐走向低谷。到了北宋时期，实际版图大幅缩减，政府未能控制河西走廊，南宋更无法涉足西北地区，丝绸之路衰落日益明显。而随着经济重心的逐渐南移，南方丝绸之路和海上丝绸之路崛起，逐渐有取代西北丝路的趋势。

12 世纪以后，中亚和新疆地区的草原、绿洲被连年的战火所摧毁，丝绸之路错失了发展的大部分机遇。当成吉思汗及他的子孙们不断开辟疆土之时，丝绸之路已经在相当程度上成为蒙古帝国内部的交通路线。此时，沿丝路前进的人们，大多是以宗教信仰及其他文化交流为使命，而不再是以商人为主导。此外，包括中国在内的亚欧大陆逐渐进入寒冷阶段，西域地区脊背上已不再适合当时的人类居住，许多古国成为流沙之中见证丝路辉煌的遗迹。明清中期以后，闭关锁国政策的实施使西北丝绸之路贸易全面走向衰落，但仍是内地与陕甘、新疆地区交通的必经之路。

2. 北方道

在古代亚欧丝绸之路的北方，由黑海经伏尔加河流域、中亚北部，直通南西伯利亚，有一条横贯欧亚大陆的贸易大通道，即"草原丝绸之路"（图 1.1）。它由亚洲草原民族开通，甚至早于西北丝绸之路，因沿途多有毛皮往来流通，也有学者称之为"毛皮路"。早期的丝绸之路并不是以丝绸为主要贸易对象，而是源于粮食、畜力、手工制品等方面的需求，运输工具除了骆驼，还有良种马及其他适合长距离运输的动物。

图1.1　草原丝绸之路

早在上古时期，虽然面对着恶劣的自然条件限制，欧亚大陆之间也并非像人们想象的那样隔绝。在尼罗河流域、两河流域、印度河流域和黄河流域之北的草原上，存在着一条由许多小规模贸易路线衔接而成的草原之路。这条路就是丝绸之路的雏形，中国青铜时代早期欧亚草原游牧文化因素的传递过程，也是草原丝绸之路的孕育过程。

作为丝绸之路的重要组成部分，草原丝绸之路是促进东西方交流的通道。其路线大致从内地出发，向北越过燕山一带的长城沿线，然后转向西北穿过蒙古高原、中亚草原到达东欧地区，最后直达地中海北岸的欧洲地区。在当时的欧亚大陆地理环境中，只有在北纬40度～50度的中纬度地带，才利于东西向交通，而这正是草原丝绸之路无可比拟的自然环境优势。这条草原通道的东段经过蒙古高原，向南可沿着河谷地带，如黄河、桑干河、永定河等，直接通达中国古代文化的核心地带——黄河中下游地区。因此，也被认为是绿洲丝绸之路出现以前，连接东西方文化的主要干线，有力推动了中原农耕民族与草原游牧民族的交流发展与繁荣。

草原丝绸之路有两条路线：一条是从内蒙古过阴山，经宁夏到巴里坤，再经古木萨尔、伊犁，到达碎叶；另一条是从蒙古过杭爱山，经科布多，越阿尔泰山，向西到达巴尔喀什湖，然后向西与一条森林道相接。它主要包括3个部分：阴山道、参天可汗道和丝路西段。

从战国中期至汉初，草原丝绸之路一直畅通。赵长城、秦长城以及徐自为新筑的长城，都扼守着阴山大道——漠北匈奴与中原汉族的交通孔道，并沿此通往中亚地区。两汉时期，西北丝绸之路兴起，加上匈奴雄霸北方草原，中原与西域的交流多绕道而行。而匈奴人要与汉朝进行丝绸贸易，就只能走漠北单于庭，西沿杭爱山，经科布多盆地，穿过阿尔泰山，沿乌伦古河，向西南至塔城，再直趋塔拉斯及河中地区。随着匈奴族的南下和西迁，蒙古草原地带的丝绸之路与漠南的沙漠丝绸之路形成亚欧大陆南北两大交通要道，丝绸之路逐渐形成带状体系。

魏晋时期，草原丝绸之路的西段——"北新道"开始兴盛，成为中原经西域前往罗马的主要通道，沿途水草丰茂，牲畜供给方便，商队往来东西，颇为通畅。十六国时，已有罗马金瓶传至中国河西地区。此后，草原丝绸之路继续向东发展，形成一条横亘东西的国际大动脉。具体线路主要有两条：一条由锡尔河出发，通过咸海北岸；另一条沿阿姆河，通过咸海南岸。两条通道在乌拉尔河口附近会合，通向伏尔加河，再沿顿河和黑海北岸到达君士坦丁堡。到了唐代，甚至还通过丝路东端的营州和渤海国，与东方海上丝绸之路相连，到达朝鲜半岛和日本列岛。

辽代，因为西夏政权占据着河西走廊，西北丝绸之路受阻，北方道成为与西方诸国交流往来的唯一路线，并且打通了一条从辽上京（今内蒙古赤峰市巴林左旗林东镇）经巴林右旗、怀州到西域的草原商道。具体可分为南线和北线，其中南线自漠北南下经过阴山至今呼和浩特，东行至大同和河北宣化后，一路正东行翻越七老图山至今赤峰市宁城县，另一路可东南行至今北京市。草原丝绸之路基本把辽朝的各个城市连接起来，形成交通干线上的全方位开放格局，进一步促进了草原地区经济文化的繁荣。

兴起于大草原上的元朝，疆域辽阔，横跨欧亚大陆，围绕元上都建立起一条从漠北至西伯利亚、西经中亚远达欧洲的极为发达的草原大通道。但随着元王朝的覆亡，尽管出现往返于口内外汉蒙民族贸易以及中俄恰克图边境贸易的"北方贸易"，但因明朝时期北方草原的战争迭起，清朝时期的闭关锁国政策，草原丝绸之路渐趋冷落。

法国历史学家格鲁塞认为，生息在欧亚大草原上的游牧民族在向东、向西运动时所产生的压力，影响着中国、波斯、印度和欧洲的历史发展。与北方草原民族的往来交涉，一直是中原王朝对外关系的重点，对于中国数千年的社会变迁和文化发展，有着极为深刻的意义。而气候、政权对抗、冲突等原因也会引发草原上的民族流动，这种迁徙会像多米诺骨牌一样，导致丝绸之路中心地带的改变，甚至欧亚大陆的社会和政治变迁。

3. 西南道

西南道即南方丝绸之路，是中国古代西南地区一条纵贯川滇两省，连接缅、印，通往东南亚、西亚以及欧洲各国的古老国际通道。它由汉武帝派张骞打通西域后所开，包括历史上有名的蜀身毒道和茶马古道，是史籍所载最早的中西交通线路。随着时代发展，古道上转运的物资一直发生变化，从最初的土特产到后来的丝绸、茶、马匹、盐、玉石、药材等。这些物资连接着两端的贸易，也架起了文化交流的桥梁，是中国西南地区具有独特历史文化价值的重要线性文化遗产。另外，经由南方丝绸之路，古代四川所产的蜀布、丝绸及邛竹杖等"蜀物"西输印度，播至中亚，使得成都得以在印度出现并广为流传。

根据史料记载，南方丝绸之路从成都出发，分"五尺道"和"零关道"两条路线进入云南。"五尺道"是由西南先民打通的一条从四川成都至云南滇东一带的交通线路，从四川出发往东南行，经今僰宜宾、盐津、昭通、威宁、曲靖至昆明，继续向西至大理。"零关道"也称耗牛道，由汉武帝开凿，从四川南出，经今邛崃、荥经、汉源、西昌、会理，渡过金沙江到大姚，抵达大理。以上两条线路在大理汇合后继续向西而行，经过云南的保山、腾冲等地区抵达缅甸密支那，或从保山出瑞丽进抵缅甸八莫，跨入外域。此道在中国境内约有3000多千米。一些专家认为，这是中国较早的对外陆路交通线，同时也是中国西南与西欧、非洲、南亚诸国交通线中最短的一条线路。

南方丝绸之路境外段有西线和东线两条。西线即"蜀身毒道"（图1.2），从商代以来迄于汉世一直是开通的，路线从缅甸西行经印度、巴基斯坦、阿富汗至中亚、西亚。汶江《滇越考》认为蜀商是通过东印度陆路通道从阿萨姆进入印度地区的，这也是蜀、印之间进行直接贸易的重要证据。东线线路是从四川途经云南的元江下红河至越南的红河道，和从今四川经贵州至广州的牂牁道。此道很大程度上促进了我国西南地区与东南亚地区的经济贸易交流。

图1.2　蜀身毒道

南方丝绸之路的年代远早于北方丝绸之路，可算是古代欧亚大陆上最长、历史最悠久的交通大动脉之王，是巴蜀丝绸输往南亚、中亚并进一步输往东方的最早线路。有史证实，早在商代中晚期，南方丝绸之路已初步开通，并随着中国经济中心的逐渐南移，兴于唐宋，盛于明清，到第二次世界大战时最为兴盛。到了二十世纪三四十年代，云南从边城一跃成为炙手可热的物资战略要冲，此时的南方丝绸之路经历开通以来最为繁盛的阶段，并为中国的抗日战争胜利发挥重要作用。抗战结束后，随着滇越铁路、滇缅公路的恢复通车，南方丝绸之路逐渐被国道、铁路甚至航线所代替，从此沉寂。

从西南道的路线图来看，横断山地，江河横溢，山峦叠嶂，无论从地理、地质、气候、水文等方面而言，堪称最复杂的古代丝绸之路之一。这些地域性特点也赋予南方丝绸之路独具特色的交通工具，如笮桥、栈道、马帮。这些在备受自然环境制约的天地里，以特有才智和胆魄创造出来的交通奇观和马帮文化，为沟通南北交通通道和文化融合做出卓越贡献。

第二节　古代海上丝绸之路

"海上丝绸之路"（图1.3），这条古代远洋航线，萌芽于商朝，发展于春秋战国，形成于秦汉，兴于唐宋，转变于明清，止于鸦片战争，是相对于"陆上丝绸之路"而言的又一条东西往来的通道；是人类文明史上曾长期存在、具有变动性的海上经济与文化交流网络；是由中国人驾驶中国航船，载运中国典型传统产品，以出口为主体的海外贸易运输轨迹。

古代海上丝绸之路绵延两千年，跨越亚欧非，见证了中华民族的辉煌与苦难。在中国境内主要由广州、泉州、宁波3个主港和其他支线港组成。境外可到达日本、意大利、埃及等100多个国家和地区。输出的商品从最初的养蚕技术及丝绸产品，逐渐扩展到瓷器、铁制品、茶叶、药材、漆器、棉布等多元化对外产品出口格局。因此，从贸易品的角度，海上丝绸之路又有"陶瓷之路""茶叶之路""香料之路""白银之路""宝石之路"等不同称呼。这些商品在带来新鲜元素的同时，也逐渐影响并改变当地的文化和部分生活习惯，即使在千百年后的今天，依然是中外交流的重要结合点。

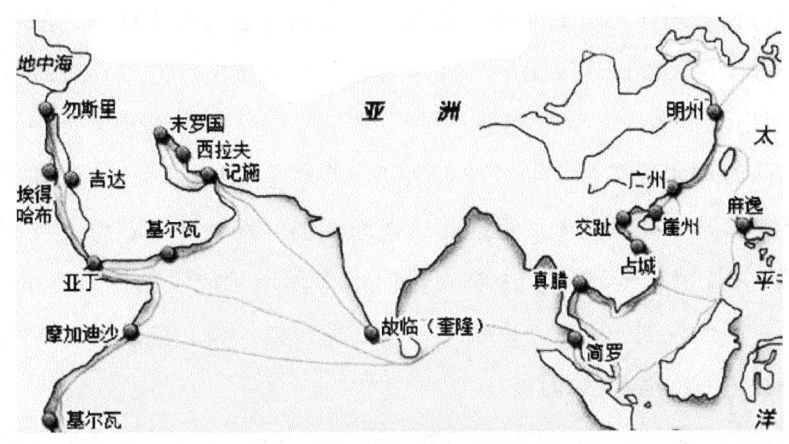

图1.3 古代海上丝绸之路路线图

(图片来源 http://ahc.sjtu.edu.cn/show.aspx?info_lb=62&flag=3&info_id=301)

在唐代以前,海上丝绸之路的规模与范围还不能与陆路相比。但随着后来中国经济中心的南移与造船和航海技术的不断发展,海上贸易运输路线得到有效拓展,在南宋以后成为古代中国对外贸易的主要通道。从航线的角度,可分为南海航线和东海航线,其中主要以南海为中心。

1. 南海航线

南海航线又称南海丝绸之路,起点主要是广州、泉州,可经中南半岛和南海诸国,穿过印度洋,进入红海,抵达东非和欧洲,途经100多个国家和地区,是已知最为古老的远洋航线。它最早起源于西南道永昌(今保山)以南的一段路线,即沿伊洛瓦底江至仰光入孟加拉湾,西至印度,再由印度渡印度洋,或进入中亚,或继续沿海前行至古罗马帝国。

大约在战国时期,岭南地区与南海诸地已有海上间的往来。先秦和南越国时期,多郡县可直达南海沿岸,为海上丝绸之路的形成奠定了基础,主要贸易港口有今天的广州市和徐闻县。广州南越王墓出土实物中的波斯银盒、中东玻璃器,也表明当时岭南与中东间经印度为中转地的海上贸易航道已经开通。西汉时,汉武帝进一步延伸开辟了这条海上官道:长江—

湘江—灵渠—漓江—南下到达今梧州市—沿西江进入北流江—"陆桥"鬼门关—南流江—顺江南下出海。这条路线东可至崖州,西可到交趾(越南北部),南可下南洋,成为当时沟通中原与南洋商贸物流的重要路线。继续远航南海和印度洋时,可经过东南亚,横越孟加拉湾,到达印度半岛的东南部,抵达今斯里兰卡后返航。这条航线的开辟,标志着海上丝绸之路的发端。《汉书·地理志》中载录当时由雷州半岛或汉朝控制下的日南,经由马六甲海峡到印度东海岸黄支(今马德拉斯一带)的航路,并指出其时船舶往返一次需 20 余月。

史料还记载了东汉时期与罗马帝国第一次往来:中国商人走海路到达广州,由马六甲经苏门答腊到印度运送丝绸、瓷器后,采购香料、染料运回中国;印度商人再把丝绸、瓷器经过红海运往埃及的开罗港或经波斯湾进入两河流域到达安条克;最终再由希腊、罗马商人从埃及的亚历山大、加沙等港口经地中海运往希腊、罗马两大帝国的大小城邦。这是横贯亚、非、欧三大洲的海上丝绸之路的一个缩影,从中国广东番禺、徐闻、广西合浦等港口启航西行,与从地中海、波斯湾、印度洋沿海港口出发往东航行的海上航线,在印度洋相遇并实现了对接。而对于海上丝绸之路起点的选择,除了占尽海河港口之利,还需要有陆地上贯通南北的水运系统作为支撑。以合浦港为例,其身后有一个起自黄河流域,经长江流域进入西江流域的水路运输网,加上后来东南沿海始发港的通道,就组成了海上丝绸之路。

三国时代是丝绸之路从陆地转向海洋的承前启后与最终形成的关键时期,唐代大食帝国(今阿拉伯)所属波斯湾、红海沿岸港口已成为航海活动的中心,且由中东地区至中国的海上交通交点为扩展,直达中国的航线亦已彻底开通,"广州通海夷道"(海上丝绸之路的最早叫法)成为当时世界最长的远洋航线。它分为东西两条航路,东航路经今越南、马来西亚、印尼、斯里兰卡、印度、巴基斯坦、伊拉克等;西航路经阿拉伯半岛及亚丁湾、东非、红海航道,即今沙特、阿联酋、坦桑尼亚、埃及等地;东西航路以奥波拉为交汇点。举例而言,海舶沿南海西部南下,经新加坡、马六甲海峡、尼科巴群岛抵斯里兰卡，然后一支沿印度半岛西海岸，由蒙内铁入霍尔木兹海峡，至幼发拉底河河口的阿巴丹和巴士拉，溯河北上抵达巴格达；另一支则由卡拉奇向西南行，横越霍尔木兹海峡，经阿拉伯半岛南端的佐法尔和希赫尔，抵达亚丁。这样的远洋航行得益于当时造船业的发达，所造船舶规模巨大，船体坚固，设备完善，许多国外商人都更乐意乘坐中国船。

两宋时期，指南针广泛应用，远洋造船技术也达到新的水平，中国商船的远航能力大为加强，与东南亚、南亚以及中东地区往来甚密。到了元代，在国家政策的鼓励下，贸易圈扩大到亚、非、欧、美各大洲，航线可远达南洋群岛、印度洋、阿拉伯海、波斯湾，以至东非。西向航行的中国船只多直接驶往波斯湾诸港口，并进入红海水域及东非诸港。可以说，元代中国基本控制了中国与印度洋沿岸各国间的海上交通。在这种经济、政治等环境因素的共同作用下，宋元时期的海上丝绸之路发展繁荣，地处当时南北海岸中点的泉州更反超广州，一跃成为中国第一大港。从在福建泉州出土的宋代沉船来看，载重量推算200吨（1吨＝1000千克，下同）以上，大约相当于唐代陆上丝绸之路上一支700头驼队的载运量，这种运输方式也使得利润大大增加，成为海外贸易首选。在这艘沉船中，还遗留了50多件瓷器，也证明了龙泉青瓷在宋元时期海上丝绸之路中的主导地位。

海上丝绸之路的南北航线在元明时期达到最大限度的交融，特别是明朝中期的郑和下西洋，更标志着海上丝绸之路发展到极盛时期。这一时期的海上丝绸之路航线已扩展至全球，包括向西航行的郑和七下西洋和向东航行的"广州—拉丁美洲航线"。

明永乐年间，郑和前后共7次下西洋，率军2.8万名、船62艘，由今江苏浏河镇出发，经海路到达越南、泰国、柬埔寨、马来半岛、印尼、菲律宾、斯里兰卡、马尔代夫、孟加拉国、印度、伊朗、阿曼、也门、沙特和东非的索马里、肯尼亚，并携带大量丝织品、金、银等作为有偿或无偿的礼物（图1.4）。这是明朝政府组织的大规模航海活动，重要航线就有42条，访问国家30余个，航程共计10万余里，对后来达·伽马开辟欧洲到印度的地方航线，以及麦哲伦的环球航行，都具有先导作用。1575年，一条向东航行的航线——"广州—拉丁美洲航线"由广州启航，经澳门出海，至菲律宾马尼拉港，穿圣贝纳迪诺海峡进入太平洋，东行到达墨西哥西海岸。从郑和远洋启程时间来看，除了第一次夏季启航秋季返航外，其余6次都是在冬半年的东北季风期间出发，在夏季的西南季风期间归航。这种选择也反映出，顺风行船对古代扬帆而行的船只极其重要。

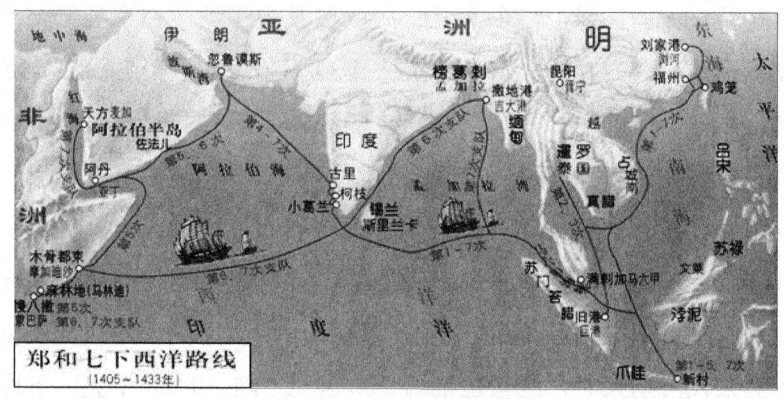

图1.4　郑和下西洋航图

明清实行海禁政策后，除了广州海上丝绸贸易获得更大发展外，其他港口逐渐衰落。鸦片战争后，中国海权丧失，海上丝路一蹶不振，进入了衰落期。

2. 东海航线

东海航线，又称为"东方海上丝路"。春秋战国时期，齐国在胶东半岛开辟了"循海岸水行"直通辽东半岛、朝鲜半岛、日本半岛直至东南亚的黄金通路，开创了政府倡导和组织海外贸易的先河。这期间，甬江流域最早的港口——句章古港在姚江之滨出现（图1.5）。"勾践以南疆句余之地，旷而称为句章"，虽然以军港定位句章更为合适，但也从客观上促进了甬江流域水上交通和造船业的发展，使之具备海上丝绸之路纽结点的基本功能。

第一章 古代丝绸之路与气象

图1.5 古代港口

汉代至隋唐时期，东海航线一直通畅。《三国志·魏书·东夷传》和《新唐书·地理志》还详细记载了其海上航路的具体路线，即从山东半岛的登州出海，经庙岛群岛（长山列岛），到辽东半岛后，再沿海岸线南下至朝鲜南部沿海，过日本对马岛，至日本九州。

唐代，山东半岛和江浙沿海的中韩日海上贸易逐渐兴起。唐代官方的"朝贡贸易"使东亚对中国商品产生浓厚兴趣，也吸引了大批民间商团。其中，日本圆仁和尚在《入唐求法巡礼行记》中就记载有许多民间商船活跃在中国、朝鲜半岛、日本之间的海上航线的情景。此时，明州（宁波旧称）已经成为海上丝绸之路上的始发港之一，也是遣唐使的主要登岸港之一。宋代时期，宁波成为中韩日海上贸易的主要港口。宣和五年（公元1123年），虽然北方战事频繁，朝廷财政困难，但宋徽宗还是下令建造了两艘"万斛"神舟（载重可达240吨），带队携带茶叶、丝绸、瓷器等物资从明州启程，沿着海上丝绸之路北上航线，驶往高丽国。

港口的地理便利因素对海外客商很重要，北边日本和朝鲜半岛希望宋朝主港口尽量靠北，而贸易量更大的阿拉伯和南海诸国则希望港口尽量靠南。这种形势使得南北两面辐射的泉州在1087年正式开港后，迅速超越明州港（宁波）。明代海禁后，宁波港衰落，但仍是中日官方勘合贸易的唯一登陆港，并通过钱塘江、长江、大运河等众多水系，使东海航线的辐射力拓展到众多内陆省份。

通过东海航线，不仅中国的商品被源源不断地输往日本及朝鲜半岛，中国文化也随之大规模地传播到这些国家，包括儒家思想、律令制度、汉字等，对日本、朝鲜、韩国等国家的伦理道德、政治制度、文化艺术、生活习惯、社会风俗等方面产生了深远的影响。

第三节 古代丝绸之路与气象

丝绸之路不仅是贸易之路、文明之路，更见证了中国两千多年来的气候变迁。作为推动古代丝绸之路形成及兴衰的关键性因子，气候对传统农业文明下的人类社会发展有着极为显著的制约作用，气候变化也成为生态环境、经济类型、交通枢纽与交通线路转变的重要因素。

无论陆地还是海上，尽管古丝绸之路在形成之初已通过气候与生态环境的选择，但这条延绵万里的交通线路穿越冰山雪岭、戈壁沙漠、草原大海，异常严峻的自然条件和地理环境也造就了其脆弱的生态环境，更容易受到气候变化的影响。这种影响不仅体现在冷暖变迁下王国城邦的聚落废弃、绿洲解体，还会推动战事、丝织业等的发展变化，从而在丝绸之路的兴衰史上添上浓重的一笔。

我们祖先，历经上千年实践，在交通运输干线的建设和布局中留下了很多经验教训。今日，尽管"一带一路"受水文、地质等条件限制不大，但古丝路与气象的关系仍值得研究，以做好全球气候变暖背景下的路线开辟与交通安全保障。

1. 气候背景

陆上丝绸之路从西安出发，途经温带季风气候、温带大陆性气候、地中海气候和温带海洋性气候。经过近两千多年来东部季风区与西北内陆干旱区的气候变迁，古丝绸之路诸道生态环境已不是当时的模样，但依然可以确定，它实际上是一条绿洲之路。

这条"绿洲路"着重于其葱岭（今帕米尔高原）以东的中、东段；东部季风区主要指封建农牧文明集中发达的中原地区（即黄河中、下游地区），西部干旱区主要为代表游牧部落经济的西域（今新疆等地）。从历史研究结果来看，东部季风区的暖湿期—冷干期交替出现呈波动韵律，西部干旱区则相应呈冷湿期—暖干期演替。当东部季风区处于气候的相对温暖期，冬季温度高出平均约1~2℃，年降水量平均较冷期多200~300毫米，利于农业生产；与之相应，西部内陆干旱区为气候冷湿期，有效降水量增加，利于绿洲扩展繁衍。而到了东部季风区气候的冷干期，气温降低，降水减少，此时西北方草原南界约向南推移20多千米，五谷歉收；北方冰川退缩，河湖水量减少，绿洲水草萎缩。

相似地，在欧亚大陆，东亚季风区、中亚干旱区和欧洲温带海洋区气候变化存在着不同的区域效应和时间差异。当东亚季风区以暖湿为主时，中亚干旱区以暖干为主，农耕力量大于游牧力量，利于西北丝绸之路的形成和发展；反之，当东亚季风区以冷干为主时，受西风带作用显著的中亚干旱区则以冷湿为主，游牧力量大于农耕力量，有利于草原丝绸之路的形成和发展。竺可桢还发现，欧亚大陆东西气候转入寒冷的步调是不一致的，寒冷的潮流常常是从东亚开始，逐渐向西移往欧洲西部。

2014年，由气象专家和媒体记者组成的科普考察团队走访河西走廊，探索丝绸路上的气候变迁。出嘉峪关往西，即便是在被称为塞上江南的河西走廊，绝大部分区域也是荒凉的戈壁沙滩。但从长逾千公里的河西走廊，平均每隔50千米设立一个驿站来看，这里在古代的绿洲应比现在多，这也许与河西走廊的"母亲山"——祁连山有关。在属于典型大陆干旱荒漠气候的河西走廊，祁连山脉冰川灌溉绿洲，成为经济发展和人民生活的命脉。但受气候变化影响，这条长达2000多千米的祁连山脉冰川退缩、雪线上移，积雪面积呈减少趋势。张掖自古以来就是东西南北交往的交通要道，亦是西部重要的生态安全屏障和河西走廊的资源宝库。它南枕青藏高原和祁连山脉，北依内蒙古高原和龙首山、合黎山，地势低平，形如盆地。据史料记载，明、清时期的张掖城内水湖约占1/3，城区东南西北均有湖泊环绕，是名副其实的"戈壁水乡、湿地之城"，这样的气候与生态环境也是其成为交通要塞的基础（图1.6）。

图1.6 丝绸之路要塞——张掖

古代海上丝绸之路以南海为中心，大部分航线位于南海、东南亚以及印度洋北部地区，最主要的气候类型是热带季风气候，主要表现为气温较高、对流活动较强、热带气旋频繁以及风浪较大。

南海海域年平均气温均在25 ℃以上，南沙群岛附近高达28 ℃。在印度洋北部，夏季气温为25~27 ℃，冬季气温为22~23 ℃，全年平均气温在25 ℃左右。但在阿拉伯半岛东西两侧的波斯湾和红海一带，受周围干热陆地烘烤的影响，夏季气温常达30 ℃以上；而索马里沿岸一带因西南季风吹走表层海水，使深层冷水上翻，最热季节的气温一般也不到25 ℃。在印度洋南部，气温随纬度增高而降低，并且会受到风系和洋流的影响。所属热带季风气候的印度洋北部年降水量一般有2000毫米左右，但主要降在西南季风盛行的夏季，而东北季风盛行的冬季，降水量一般不及年雨量的1/3。属热带沙漠气候的阿拉伯半岛和索马里沿岸海域，全年降水量仅在200毫米左右，有的年份甚至不到100毫米，这与从陆地吹来的干风和索马里洋流有关。至于南印度洋广大海域，全年降水一般在1000毫米左右。

位于东南亚地区的马六甲海峡是中国"古代海上丝绸之路"的必经之地，水深由北向南、由东向西递减。气候类型为热带季风气候，冬季盛行东北风，经过海洋时补充了充足水汽，给东侧地区带来丰富降水，而处于背风坡的西侧则降水少；夏季盛行西南季风，从印度洋带来大量水汽，遇到地形阻挡形成降水，而此时处于背风坡的东侧降水少。

在我国，因地势西高东低，绝大多数河流是自西向东横向流动，只有额尔齐斯河、湘江、乌江、赣江、北流江等少数河流是南北纵向流动，就成为沟通各大水系的重要通道，也是海上丝绸之路的重要资源。除了天然河流，古人还通过修建水利建筑以连接江河水系。其中以灵渠最为著名，它将兴安县东面的海洋河和兴安县西面的大溶江相连，成为连接海陆丝绸之路的关键节点。作为古代丝绸之路的重要港口，除了依靠面朝大海、江河密布的黄金水道优势，还需要地形平坦、地质稳定以及雨量丰沛的气候特征。宁波、广州、泉州都属于亚热带季风气候，夏季高温多雨、冬季温和少雨，但全年干湿差别不大，冬季雨量亦可占全年降水量的10％以上，江阔水深方能保证我国境内丝绸航线的稳定畅通。

气候变迁是人类历史不可规避的问题，在丝绸之路这条生态脆弱带上，已有不少城邦因此灰飞烟灭，交通无法维持。回望历史，也许能让我们更加重视全球气候变化的背景下，我国西部、中亚、中东等地区荒漠化、水资源危机加剧的生态环境问题。

2. 气候变化的影响

气候变化是推动丝绸之路形成的重要因素。公元前2000年至前1500

年，在寒冷、干旱气候的影响下，欧亚草原由农牧混合经济向游牧经济过渡。比如，当北方草原发生雨雪冰冻灾害时，生活在那里的游牧民族会常常侵入相对温暖湿润的东亚季风区和欧洲地区。在游牧民族沿着亚洲中北部半干旱草原地带大规模东进、西迁的过程中，沟通东亚、中亚和欧洲的草原丝绸之路就逐渐形成并发展起来。当然，不是所有的人口迁移都与气候变化直接相关，人口压力、战争、畜牧技术的进步也是欧亚草原人群大规模、长距离迁徙的基本条件和驱动因素。到了战国至西汉初年寒冷期，大月氏和匈奴两大游牧集团先后在中国北方草原兴起，汉武帝为了对抗匈奴，派使者张骞到游牧于河西走廊西部（张掖至敦煌一带）的月氏，并以其为中介，将以丝绸为代表的东方文化传入西方，丝绸之路正式形成。

查看与丝绸之路变迁有关的文献可知，西汉、隋唐时期、元代为兴盛畅通时期；而东汉、魏晋南北朝、五代、两宋及明清时期则相对沉寂荒凉，原因可以概括为中原封建政权因游牧军事集团中阻丝路或者侵扰边关而"闭关绝贡"。但如果将这一兴衰史与近两千多年来我国东、西部气候波动韵律作比对，不难发现：东部季风区与西部干旱区在干湿波动上具有较为显著的西风型环境演变特征；东部暖湿期—西部冷湿期，农牧经济繁荣，西域游牧文明兴盛，丝绸之路畅通；东部冷干期—西部暖干期，农牧经济凋敝，西域游牧文明衰落，丝绸之路阻塞。这其中除了气候变干、绿洲消失的关键环境因素外，气候的寒冷化与剧烈的温度波动，更容易引发洪水、干旱等极端灾害事件，其影响会投射到经济发展与朝政动荡，从而增加古丝绸之路的衰落因素。

大西北是古代丝绸之路的必经之地。对于干旱地区，河流是灌溉农业和城市兴起、发展的基础。结合历史文献和考古结果，从细石器到汉晋时期，南疆地区气候暖湿，塔里木盆地周围高山冰雪消融加快，河水猛涨，风沙活动减弱，绿洲范围扩大。楼兰（鄯善）是发祥于塔里木河下游天然绿洲最早的国家，即使迁都也以屯城形式，成为北道重镇，也是东西联系的重要交通驿站。当时，塔里木河下游改道南流，楼兰城依靠孔塔河水系的支径余水维持灌溉供给。到了东晋时期，气候变干，孔塔河主流迁移后，孔塔河三角洲的支径干涸，楼兰屯城难以维持，绿洲最终解体（图1.7）。同时，鄯善国因无法进行农业灌溉，经济实力衰退，最终因无法抵挡连年不断的侵略而衰亡。相似地，塔里木盆地周边众多古国或因沙漠南侵，或因地严重盐渍化，或因淡水不足，最终都被埋没或废弃。在沿途无水与粮食补给的情况下，交通无法维持，丝路南道南路开始南移。到18世纪中期，西北地区气候开始变得湿润，塔里木河下游地区又出现了适宜人类活动的聚落，从今库尔勒到若羌一带形成能联系罗布地区南北的绿色走廊，并使得对外联系路线再次畅通。

图 1.7 神秘消失的古都——楼兰

战争、政治等事件只能导致城市文明衰落，而不会使城市所在的聚落废弃、绿洲解体。所以，至少对于西域而言，气候变化是河流环境变迁和人类活动变化的主导因素，是交通枢纽废弃与线路中断的重要起因。西汉以后，人地关系不再表现为依附型，人类活动对环境的影响变大。气候日趋寒冷，驱使人类在绿洲上的开发强度逐渐增大，江河改道、土层破坏，西北丝绸之路上的绿洲衰退、沙漠化加强。历史上水草丰美的河西走廊，也因为人类毫无节制地利用自然资源，最终在15世纪以后因自然环境恶化，逐渐失去在丝绸之路的中枢作用。

在强调气候变化下的沙漠绿洲消失是导致西北丝绸之路衰落重要原因的

同时，也不能忽视中原地区气候变化对古代陆上及海上丝绸之路的影响。许靖华认为气候变冷会改变地区降水形式，导致高纬度地区变得更潮湿，中低纬度地区变得更干旱，从而引发农业歉收和大面积饥荒，在造成民族大迁移的同时，也会引起国家和社会动荡，战事频发，丝绸之路衰落。唐中叶以来，中原气候由暖转寒，直接打击蚕桑产量及生产环境，推动了南方丝织业的发展，削弱了中原地区的农业生产力，使得全国经济重心南移，为丝绸之路路线走向以西北陆路为主转为东南海路为主奠定了基础。

海上丝绸之路所经海域自然环境一向较为恶劣。气候变化所带来的海水温度、洋面对流、强风巨浪、水位高度等变化，都会构成船舶航行的潜在威胁。南海—印度洋海域的多海峡水道，暗礁浅滩众多，往往狭长拥挤，给航行安全与运输效率造成潜在威胁。以关键节点马六甲海峡为例，处于赤道无风带，尽管历时短暂的暴风雨对航行阻碍不大，但两岸入海径流会带大量泥沙进入，海水流速慢，又受到海域水浅、狭小、东南多岩礁和沙脊的影响，泥沙更易于淤积，如按此淤积速度，马六甲海峡1000年内就会消失。而对于古丝路的境内航线，运河是重要的通航河道。但在古代，有一些没有修建完成的古运河，如平陆古运河。这条古运河当时宽度大致在100～150米，水深在1米以上。但如今，在丰水期，这里也只是一个千亩（1亩＝666.67平方米，下同）大的湖泊。

3. 气象灾害的影响

气候变化在古代丝绸之路的交通环境变迁中起到重要作用。气候的寒冷化与剧烈的温度波动，也更容易引发水、旱等极端灾害事件。了解古丝路上的灾害史，研究千百年来先民的防灾减灾措施，对今天"一带一路"倡议的全面实施具有十分重要的意义。

（1）水旱灾害

西域干旱少雨，特别是进入地球的间冰期以来，罗布泊地区成为全球最干旱的地区。其中，塔里木盆地的中心塔克拉玛干沙漠，周围高山环绕，湿润气流不能进入，常年多风少雨。由于干旱缺水，在敦煌向西域的一次移民运动中成千上万的人渴死。为了治理旱灾，古代西域人民利用山的坡度，巧妙地创造了坎儿井（图1.8），引地下潜流灌溉农田。干旱少雨并不是没有雨，从历代史料上看，西北地区的水灾也同样严重。明代徐贞明曾说"西北之地，旱则赤地千里，潦则洪流万顷"。

图1.8 坎儿井

与西北地区相比，中原地区的水旱灾害更为严重。据统计，公元700—1000年，中原地区共发生水旱灾害136次，比西北地区的97次高出了40%。如此频繁的水旱灾害，无疑给当时的农业生产、政局稳定带来严重的负面后果，并最终投射到西北丝绸之路上。唐代以前，中原地区蚕桑业的繁荣是建立在黄河安流的基础上。但从唐末开始，黄河下游河口段已逐渐淤高，寒冷造成的极端灾害事件的频发更使得黄河洪溢的危险系数急剧增加。决口地点不断上移，频率明显增加，仅1048年后的30余年间，黄河即决溢达32次之多。黄河频繁决口完全改变了黄淮平原固有的生态，破坏了蚕桑丝织业的生存土壤，促使北方蚕业一败涂地。

(2) 风灾

在狭管效应、山谷风、河谷风、绕流、动力摩擦等因素的作用下，古代西域水草缺乏、风灾不断、风沙肆虐。热天的风起则人畜昏迷，冬天的风冰冷刺骨，往来者因以成病。在吐鲁番地区，大风除了破坏交通工具、路面设施以外，风沙漫天、风卷碎石，石可大如斗，可以将马匹的四蹄击中至流血。风灾还对葡萄树、枣树、小麦等种植产生很大影响，这对以果业为支柱产业的吐鲁番地区影响是毁灭性的。因此，也被评为北方地区四大灾害（风、虫、水、旱）之首。

海上丝绸之路所经海域热带气旋活动频繁，伴随的大风、巨浪、暴雨、风暴潮、雷暴等恶劣天气和灾害，具有突发性特点，会对航船和航行构成威胁，从而造成严重灾害和损失。

(3) 雪灾寒灾

作为丝绸之路的重要沿线，西域从古到今一直有漫长的雪季，给农牧业、军民生活和交通运输都带来了巨大的困难和毁灭性打击。路面积雪会阻断交通线路，还喜欢和风灾一起兴风作浪，不仅使往来人员身体苦不堪言，登涉艰阻，还会使随身携带的武器、工具受冻脆断。《白雪歌送武判官归京》一诗中的"轮台"，描述的就是今日米泉遭雪灾肆虐的情景。

唐代名僧玄奘在西去求法途中，途径新疆天山时曾"为凌山雪路未开，不得进发，淹停六十余日"。到达凌山（天山），地势险峻，常年冰雪积聚，高可与云相连，蹊径崎岖，加上风雪杂飞，虽复履重裘，不免寒战。据清朝古书记载，当时人们通过天山中的冰山路段也依然是凿梯而过，并有专门负责维修冰梯的古道工匠，也能反映出当年清朝政府对于维护丝路交通的重视以及所做出的努力。

(4) 沙漠化

丝绸之路千百年来干旱少雨，加上风灾肆虐，土地沙漠化现象十分严重。雅丹地貌就是一个典型。当缺水、植被破坏和风力强劲时，最容易就地起沙，而沙丘移动阻塞交通、埋没渠道、侵入农田，给农林牧业和交通带来巨大危害，并且沙化后的土壤潜在肥力也会进一步降低。

干旱少雨带来沙漠化的同时，也使得西北内陆盐类资源丰富，其低层表面往往又分外坚硬，奇特的盐桥路由此产生。它是用盐铺筑而成的路，既方便又美观。今天大柴旦至格尔木的百余公里路段也是由此修筑，每逢天气旱热时，越发显得洁白如练，也称"万丈盐桥"。

通过对察古丝路上气象灾害和生态环境下路线选择的研究，可以帮助我们吸取经验教训，对发展现代交通建设十分有益。比如，与铁路干线陇海线西段走向不同，丝绸之路避开了渭河河谷，从其北面过陇山。这是因为以六盘山为主峰的陇山至今新构造运动还十分强烈，地质构造复杂，又有本区最大的河流——渭河切穿，水文地貌条件复杂。如若没有绕过渭河谷地，可能也会像今日的宝山段一样，每逢雨季总要因滑坡、泥石流等地质灾害而使交通中断，成为丝绸之路上的安全商贸之殇。

"一带一路"倡议植根于历史，但面向未来；源自中国，但属于世界。重走古代丝绸之路，不忘初心，相信在各国人民的共同努力下，一定能够打造政治互信、经济融合、文化包容的利益共同体，圆丝绸之路的新梦想。

第二章 <<<
现代 "一带一路" 地区交通

交通运输是国民经济的先导和基础，是"一带一路"基础设施互联互通建设的先行官。习近平总书记在"一带一路"国际合作高峰论坛开幕式上的主旨演讲，明确指出设施联通是合作发展的基础。设施联通既包括交通运输等基础设施的"硬件"建设，又包括制度、规则、标准衔接融通的"软件"建设。因此，要努力构建开放型综合交通运输体系。

"道路通，百业兴"。交通对加强与沿线国家经贸合作、便利人员往来起着基础性作用，交通运输肩负"开路先锋"重任，发挥先行引领作用。"一带一路"沿线国家应共同努力，着力推动陆上、海上、天上、网上四位一体的联通，促进政策、规则、标准三位一体的联通，聚焦关键通道、关键城市、关键项目，联结陆上公路、铁路道路网络和海上港口网络，推动设施互联互通迈上新台阶。

"一带一路"建设带来经贸往来增多、居民国际旅游需求强劲增长，以及中国国际竞争力不断增强，中国将新开通更多国际交通通道。由中国为中心向外辐射而出的"一带一路"线路，既有利于中国与世界的联通，同时也有利于沿线国家之间的相互沟通。本章将以中国为中心，根据传统的全球大洲和次区域划分方法，将"一带一路"地区划分为东亚、东南亚、南亚、中亚、西亚、东欧、南欧、中欧、北非和东非10个区域，分析各区域与中国之间的公路、铁路、航空和航运四大方面的交通联系。

第一节　东　亚

东亚是亚洲东部的简称，包括中国、日本、韩国、朝鲜和蒙古共5个国家。东亚地区位于太平洋西岸，总面积约1250万平方千米，约占全球陆地面积的9%。东亚地区人口超过16亿，占亚洲全体的40%，约占世界全体的1/4，是世界人口密度最高的地区之一。

"一带一路"建设将首先惠及东亚地区。东亚地区向来是世界地缘政治的焦点所在，在中国周边外交布局中具有举足轻重的地位。"一带一路"倡议是中国"睦邻、富邻、安邻"政策的集中体现，为东亚发展搭建了新的地区合作框架，带来了新的发展机遇，有利于深化命运共同体意识，助力实现区域内持久和平与繁荣。

1. 东亚交通概述

丝绸之路经济带重点畅通中国经中亚、俄罗斯至欧洲（波罗的海）；中国经中亚、西亚至波斯湾、地中海；中国至东南亚、南亚、印度洋。东亚不仅仅是"一带一路"的倡导者中国的所在区域，并且也是中国拓展经济带的重要组分，同时还兼具了作为"一带一路"起点的功能。因此，活跃东亚经济圈的交通状况至关重要。

东亚地区交通发展具有不平衡性，中国、日本和韩国的交通运输业较为发达，而朝鲜和蒙古的交通基础设施还不完善，成为制约经济增长的重要因素。其中，中国与日本、韩国两国主要通过航空、航运等交通运输方式实现互联互通，而与朝鲜、蒙古在交通领域的合作联系则主要通过陆路运输和航空运输。

2. 公路

亚洲公路网（也被称为：亚洲公路、泛亚公路）是亚洲各国与联合国亚洲及太平洋经济社会委员会（ESCAP）改善亚洲公路系统的合作计划、亚洲陆路交通基建发展计划（ALTID）三大工程之一（另外两个为泛亚铁路和促进陆路交通计划）。其中，AH1 至 AH8 为大幅穿越东亚、南亚、东南亚、中亚等一个以上次区域的亚洲公路线路。而 AH30-AH39 和 AH300-AH399 号线路主要位于东亚和东北亚次区域，覆盖中国、朝鲜、日本、蒙古、韩国等国家。主要由以下 5 条组成。AH30：乌苏里斯克—哈巴罗夫斯克—别洛戈尔斯基—赤塔；AH31：别洛戈尔斯克—布拉戈维申斯克（海兰泡）—黑河—哈尔滨—长春—沈阳—大连；AH32：Song-bong—元汀—圈河—珲春—长春—阿尔山—苏木贝尔—乔巴山—温都尔汗—纳来哈—乌兰巴托—乌里雅苏台—科布多；AH33：哈尔滨—同江；AH34：连云港—郑州—西安—南亚。这 5 条公路网连接了东亚各个国家地区，同时也拓展到了亚洲其他区域，组成连通亚洲的重要交通线路。

东亚各个国家中，韩国和日本公路运输网络较为发达。截至 2016 年末，韩国公路总长 10.88 万千米，其中高速公路 4438 千米，国道 13977 千米。首尔至各道均有高速公路相通，至国内任何地方均可在 1 日之内到达。日本公路总里程约 121.4 万千米。其中，国道和省道公路约 18.4 万千米，高速公路 8050.3 千米。目前，日本已成为世界上公路密度最大、拥有最先进综合交通系统的国家之一。但由于四周环海，日本在公路方面与周边国家尚不存在互联互通的情况。

在朝鲜交通运输体系中，公路运输处于从属地位，以短途运输为主。朝鲜公路总长约 7.75 万千米。据朝鲜官方消息，朝鲜所有的道、市、郡均通公路。中朝边境线较长，设有多个公路运输口岸，其中包括丹东—新义州、图们—南阳、圈河—元汀、临江—中江、南坪—茂山、三合—会宁、开山屯—三峰、长白—惠山、古城里—三长等。

蒙古未形成联通全国的运输网络（图2.1），且多数道路路况较差。蒙古分别同中国和俄罗斯之间设有多个边境口岸，公路连结和通关较为便捷。中国对蒙古开放的边境口岸有13个，其中位于内蒙古的二连浩特口岸、甘其毛都口岸、策克口岸、珠恩嘎达布其口岸、阿日哈萨特口岸及位于新疆的塔克什肯口岸属于常年开放口岸，也是中国对蒙古的几个主要口岸。中国对蒙古开放的第二大口岸S18塔克什肯至恰库尔图高速公路项目于2017年5月开工建设，标志着中蒙俄经济走廊西通道建设开始驶入快车道。项目建设对推进"一带一路"重大战略的实施提供了重要基础保障，将更好地发挥新疆作为丝绸之路经济带核心区的作用，进一步推进中蒙俄经济走廊建设。

图2.1 蒙古国乌拉巴托机场高速公路

近年来，随着蒙古经济的快速发展和"中蒙俄经济走廊"规划的启动，国内众多企业紧随"一带一路"参与到蒙古基础建设当中。2005年，中铁四局在蒙古承建第二公路那拉赫至乔伊尔段工程，并获评为蒙古建筑最高奖"珍珠奖"。2019年7月5日，由中铁四局承建的蒙古乌拉巴托机场高速公路顺利移交给蒙古政府，标志着完全有"中国标准""中国技术"建设的高速公路走出国门，成为"一带一路"建设在蒙古的标志性工程，也是中蒙建交70周年中国企业在蒙古完成建设并移交的"友谊工程"。

3. 铁路

铁路曾经是日本国内重要的运输工具，但随着汽车的日益普及，铁路的地位不断下降，特别是货物运输所占比重下降幅度更大，旅客运输虽然也大幅下降，但在东京及周边地区，铁路仍然发挥着重要作用。目前，日本铁路营业里程为2.01万千米，每100平方千米有5.3千米营业铁路。2016年3月26日，北海道新干线开通，日本的新干线网由此几乎覆盖北海道至南部九州岛的整个日本列岛。日本的新干线在国际上知名度较高，近年来，日本政府也加大了新干线装备及技术出口力度，尤其对东南亚各国的基础设施建设最感兴趣。日本政府通过ODA（Officical Development Assistance，政府开发援助）援助等方式支持日本企业参与东南亚新兴市场国家的基础设施建设，促进新干线等装备技术出口。

韩国国土交通部资料显示，截至2018年底，韩国铁路线总长达3874千米。1994年，韩国开始了运输模式的转制，将公路交通为主改为铁路为主。目前韩国正在新建高速线，扩建铁路网，提高既有线的速度。2014年12月1日，装有俄罗斯产煤炭的货船从朝鲜罗津港运至韩国浦项港口，韩朝俄三方合作的陆海联运物流项目试运行取得成功。2016年3月，作为对朝鲜制裁措施之一，韩国政府决定暂时中断该项目运营，并通过外交渠道向俄罗斯进行了通报。

蒙古境内现只有两条铁路，一条为乌兰巴托铁路，另一条为自乔巴山向北至蒙俄边境口岸铁路，两条铁路总里程共计1811千米。蒙铁路运输现主要依赖乌兰巴托铁路（中蒙俄国际联运铁路"北京二连浩特—扎门乌德—乌兰巴托—莫斯科"在蒙古境内段线），中蒙俄国际联运铁路全长1811千米，蒙古境内共1110千米，承担了铁路货运和客运运输需求。

朝鲜陆运交通以铁路为主，60%以上的客运量和80%以上的货运量由铁路承担。全国铁路总长度近9000千米，1993年基本实现干线铁路电气化，目前电气化总长度2000多千米。朝鲜与中国、俄罗斯、韩国分别有铁路相连。朝鲜与中国的主要运输口岸包括丹东—新义州、图们—南阳、集安—满浦等。朝鲜首都平壤和中国北京之间通行国际列车——K27/28次列车，在朝鲜境内称为51/52次列车，是连接中国与朝鲜的首趟国际联运列车，自1954年5月21日起开行。列车沿京沪铁路、津山铁路、沈山铁路、沈丹铁路及平义铁路运行，在中国境内跨越北京、天津、河北、辽宁四省市，在朝鲜境内跨越新义州、平安北、平安南和平壤三道市，全程共1364千米。

1964年日本东京与大阪间新干线的开通，开启了世界高速铁路建设的先河。东亚地区作为最早开通高速铁路，且拥有最大运营规模和规划高速铁路网络的地区，发展速度要明显快于其他地区。但受自然条件、国家政策和管理体制等条件的影响，东亚地区尚未形成跨国界的高速铁路网络及规划。东亚高速铁路主要分布在中国东中部、日本和韩国等。其中，中国高速铁路时速在250千米/小时及以上线路达11477千米，占东亚地区的78.9%；日本和韩国分别为2664千米和412千米，占东亚地区的18.3%和2.8%。21世纪初，中国政府出台的《中国东北地区面向东北亚区域开放规划纲要》以及日本民族党领袖提出的"东亚共同体"都在一定程度上为东亚一体化基础设施的建设提出了新的要求。一体化高速铁路网的建设是适应高速铁路网络扩张以及东亚一体化发展的趋势，促进东亚一体化高铁网络的建设具有十分重要的意义。

4. 航空

在"一带一路"地区，中国的国际航空客、货运均呈现出"轴—辐"与"点—点"模式并存的航空网络。面向"一带一路"沿线国家，中国的国际航空客运枢纽为上海、北京和广州。以中国作为整体进行分析，现全国民用机场共有244个，在东亚地区的国际航空线路主要有以下几条：北京—东京、北京—首尔、北京—乌兰巴托。

日本的航空业相当发达。以东京成田和羽田机场以及大阪关西机场为中心，形成了四通八达的空运网络。其中，成田国际机场年旅客吞吐量居日本第二位（第一位羽田机场），货物吞吐量居日本第一、全球第三。成田机场也是日本航空、全日空、美国联合航空公司、美国西北航空公司的亚洲枢纽港。目前，北京、上海、广州、沈阳、大连、青岛、武汉、重庆等多个中国城市均与日本东京、大阪等机场开通了国际航线。

目前，韩国有8家航空公司，开通国内航线21条。此外，韩国已同32个国家和73个国际航空公司签订航空服务协定，开通国际航线448条（其中73家外国航空公司航线210条），可飞往48个国家、139个城市。仁川国际机场是韩国最大、最重要的中心机场和国际客运及货运的航空枢纽，也是亚洲最繁忙的国际机场之一。在国际机场理事会（ACI，Airports Association Council International）机场服务评选中，连续九年当选为全球最佳机场。在东亚地区，除朝鲜外，韩国与中国、日本等邻国均开通了航线，人员、货物往来十分频繁。其中，中韩两国各主要城市间均开设定期航线，每周有658个班次往返于两国之间，人员往来十分便利。

朝鲜高丽航空商社是朝鲜国有的民用航空机构，是朝鲜唯一的航空公司，1955年成立，隶属朝鲜人民军的管理，总部设在平壤，以平壤顺安国际机场作为营运基地。高丽航空独家经营朝鲜的国内航线。国际航线主要营运往返平壤到中国北京、沈阳、上海、哈尔滨以及俄罗斯的海参崴、哈巴罗夫斯克等地的定期航线；此外，不定期航线往返中国澳门、泰国曼谷、日本名古屋及新岛，以及世界各地。2016年5月开始，高丽航空增加飞往中国山东的航线，中国济南、青岛两地均可直飞朝鲜。

蒙古主要航空公司包括Mongolian Airlines（MIAT）、Air Mongolia、Hunnu Air等，现运营首都乌兰巴托至额尔登特、乔巴山、奥尤陶勒盖、科布多等省会及主要城市的国内航线，和乌兰巴托至中国、泰国、日本等国际航线。位于首都乌兰巴托市西南方向的成吉思汗国际机场现为蒙古最大的机场。由于该机场现只能单向起降,受气候影响较大,春冬季节飞机晚点率较高。目前,经成吉思汗国际机场可以直飞中国北京、呼和浩特、二连浩特、海拉尔、香港等城市,此外还拥有飞往莫斯科、法兰克福、伊斯坦堡、东京、首尔、曼谷等地的航线。中国国航现开通乌兰巴托—北京常年直飞航线。

5. 航运

中、日、韩三国经济的发展,为东亚地区港口发展提供了广阔的前景。联合国贸易和发展会议(UNCTAD)公布的全球海上运输相关报告显示,2017年集装箱吞吐量排名前十的港口中,中国有上海(第一)、深圳(第三)、宁波—舟山(第四)等7座港口上榜(图2.2)。韩国釜山(第五)也排名靠前,东亚占据8个席位,反映出其在全球海运领域的"核心地位"。

图2.2　上海港已经成为全球最大的集装箱吞吐港

随着"一带一路"倡议的推进,国际航运资源进一步向亚洲地区集聚,其重心正在向东亚尤其是中国转移。目前,中国正在建设以渤海湾、长三角、珠三角三大港口群为依托的三大国际航运中心,即以天津、大连、青岛等港口为支撑的北方航运中心;以江浙为两翼,上海为中心的上海国际航运中心;以深圳、广州、香港为支撑的香港国际航运中心,正是顺应了世界经济中心东移和中国经济快速发展的要求。

在东亚地区，主要航海线路分为中国到日本航线及中国到韩国、朝鲜航线两大类。中国沿海港口有泊位500多个，万吨级深水泊位近200个，还有25万吨级的油轮泊位和一些集装箱码头。有四大航线，分别为：东行航线，东到日本，横渡太平洋到达美洲各国港口；南行航线，至东南亚、大洋洲等地；西行航线，可达东南亚，南亚，西亚，非洲和欧洲各港口；北行航线，至韩国以及俄罗斯远东沿海港口。其中，中国至朝鲜，韩国航线属于四大航线中的北行航线，主要停靠港口有清津、仁川和釜山。而中国至日本航线属于四大航线中的东行航线，主要停靠港口有神户、大阪、东京、横滨、千叶、四日、门司等。

作为岛国，日本对外贸易主要依靠海运。全国主要港口有东京、神户、横滨、名古屋、大阪、千叶、北九州等。其中东京港作为首都圈地区与国内、海外各地运输的节点，拥有海域面积5453公顷，陆域面积1080公顷，内外贸码头共计24个，泊位总数为115个，集装箱码头4个、集装箱泊位16个。横滨港，位于日本本州中部东京湾西岸，是最早对外开放港口之一，是日本最大的海港，也是亚洲最大的港口之一。长崎，是日本九州岛西岸著名港市，与我国上海相隔仅800千米，自古以来就是沟通中国与日本的桥梁，也是日本锁国时代少数对外开放的港口之一，英国、葡萄牙、荷兰都是通过它与日本有了密切的往来。

韩国海运比较发达，与南美、北美、欧洲、澳大利亚、中东和非洲等地的许多国家有客、货轮往来。韩国港口主要有仁川港、釜山港和济州港等。釜山港位于韩半岛东南端，起着连接太平洋和亚洲大陆的枢纽作用，是韩国最大的港口，也是世界第六大集装箱港。仁川港是韩国第二大港，是韩国西海岸的最大港口，也是韩国首都首尔的外港，相距不到40千米。仁川市是韩国最大的经济中心，也是韩国北部进出口贸易中心。济州港位于济州岛北岸中央，为军、商、渔港，是该岛最大和最重要的港口，因该港缺乏天然屏障，受风影响大。韩国与中国和日本等邻国均有着频繁的海运合作，中韩海运持续稳定发展，承担着90％的中韩贸易货物运输任务。

朝鲜主要港口有南浦、清津、罗津、元山、海州、松林、端川。南浦港是朝鲜最重要的国际海运港口之一，有通往世界10余个重要港口的国际班轮。

第二节 东南亚

东南亚位于亚洲东南部，包括中南半岛和马来群岛两大部分。中南半岛因位于中国以南而得名，南部的细长部分叫马来半岛。马来群岛散布在太平洋和印度洋之间的广阔海域，是世界最大的群岛，共有两万多个岛屿，面积约243万平方千米，分属印尼、马来西亚、东帝汶、文莱和菲律宾等国。

东南亚地区共有11个国家：越南、老挝、柬埔寨、泰国、缅甸、马来西亚、新加坡、印尼、文莱、菲律宾、东帝汶，国土面积共约457万平方千米。其中老挝是东南亚唯一的内陆国，越南、老挝、缅甸与我国陆上接壤，菲律宾、文莱、马来西亚和印尼与我国隔海相望。除东帝汶外，其余十国为东盟组织（ASEAN）成员。世界各国习惯把越南、老挝、柬埔寨、泰国、缅甸五国称之为东南亚的"陆地国家"或"半岛国家"。而将马来西亚、新加坡、印尼、文莱、菲律宾五国称之为东南亚的"海洋国家"或"海岛国家"。

东南亚地区在一带一路建设中占有举足轻重的地位，是中国与沿线国家开展贸易合作的主要区域。2016年，中国与东南亚地区贸易额为4554.4亿美元，占中国与沿线国家贸易总额的47.8%，是中国最大的进出口目的地区。2016年，中国向东南亚出口额达2591.6亿美元，占比为44.1%；中国自东南亚进口额达1962.8亿美元，占比为53.6%。

1. 东南亚交通概述

东南亚地处海上丝绸之路的"十字路口"，是21世纪海上丝绸之路战略的重点地区。马六甲海峡是这个路口的"咽喉",太平洋西岸国家与南亚、西亚、非洲东岸、欧洲等沿海国家之间的航线多经过这里,战略地位非常重要。马六甲海峡沿岸的国家有泰国、新加坡和马来西亚,其中新加坡位于马六甲海峡的最窄处,交通位置尤其重要,是沟通印度洋和太平洋的重要地段。

由于自然条件限制以及经济发展状况的差异,东南亚各国交通基础设施建设差异性较大。截至2012年,东盟区域内道路长度152.88万千米,铁路里程1.99万千米,拥有456个国际港口和72个国际空港。相对而言,新加坡、马来西亚和泰国的交通基础设施整体条件较好,公路、港口、空港、铁路等均较完善并运行良好,而越南、东帝汶、缅甸等国家则相对滞后,交通基础设施网络不健全,运营效率低下。同时,各国的通关环境、交通运输组织及管理等方面也存在明显差异,限制了跨国交通运输的发展。

我国与东南亚国家具有天然的地理临近优势,近年来跨区域交通基础设施投资和建设不断增加,在公路、海上和内河航运、航空网络建设方面取得了重大进展,铁路网络建设前景良好。

2. 公路

东南亚国家内部公路网络不完善,2005年开始推进的亚洲高速公路网建设,各国进展差异较大,截至2014年仅建设2.60万千米,缅甸、老挝、柬埔寨等国至今仍面临道路密度小、等级不高的问题,该区域仍未建立顺畅的区域公路网络。

相较而言,马来西亚、新加坡和泰国交通运输业较为发达。马来西亚主要城市中心、港口和重要工业区都有高速公路连接沟通,高速公路网络由贯穿南北的大道为中心构成。截至2014年底,马来西亚公路总长约为20.4万千米。新加坡基础设施完善,12%的土地面积用于建设道路,形成以8条快速路为主线的公路网络。截至2017年底,新加坡公路总里程数3496千米,其中高速路164千米。泰国是东南亚交通的枢纽,公路网覆盖了全国城乡各地，公路总里程约51537千米。泰国通过多条线路与中国及周边国家实现互联互通，包括：①R3A线路。泰国—老挝—中国云南省，全长达1200千米；②R3B线路。泰国—缅甸—中国云南省；③R3E线路或"昆曼公路"。泰国—老挝—中国云南省，全长约1863千米，其中中国境内段全长690千米，老挝境内段全长228千米，泰国境内段全长945千米；④R3W线路。泰国—缅甸—中国，全长约1850千米；⑤R8线路。老挝—越南—中国广西壮族自治区；⑥R9线路。泰国—老挝—越南（连接R1线路）—中国广西壮族自治区；⑦R12线路。泰国曼谷—老挝—越南—中国广西壮族自治区，全长约1769千米。

由于山多河流多，经济发展水平相对落后，老挝、缅甸、越南等国的公路建设一直比较滞后。近年来，随着各国政府加大对交通运输的投入，以及中国和周边国家的援建，东南亚国家陆路交通有所改善。目前，老挝已修建4座连接泰国的跨湄公河大桥（万象—廊开、沙湾拿吉省—穆达汉府、甘蒙他曲—那空伯侬府、波乔会晒—泰国清孔）；越南在建和拟建的高速公路40多条线，全长6313千米。中国已经建设了5条从云南和广西直接连通老挝、越南和缅甸的跨国通道，特别是昆（明）—河（内）公路（650千米）、昆（明）—曼（谷）公路（1807千米）等建成通车，降低了中国与东南亚国家的陆路运输成本，提升了跨国交通运输效率。

昆曼公路（昆曼高速公路），是云南连接东南亚、南亚国家的4条陆路通道之一，是中国第一条国际高速公路，是亚洲公路网编号为AH3公路中的一段。由中国、老挝、泰国和亚洲开发银行合资建设。昆曼国际公路全长1880千米，东起昆（明）玉（溪）高速公路入口处的昆明收费站，止于泰国曼谷。全线由中国境内段、老挝境内段和泰国境内段组成，于2008年12月正式通车。2013年12月11日连接老挝会晒和泰国清孔的会晒大桥正式贯通，至此，横跨三个国家，全长1800多千米的昆曼大通道正式全线无缝连接。昆曼公路横跨中老泰三国，沿途风光绮丽，异国风情浓郁，备受自驾爱好者推崇，已成为中泰旅游的重要通道之一（图2.3）。

图 2.3　昆曼国际公路

道路、桥梁等基础设施建设项目已经成为中国企业"走出去"的一张亮丽名片，中国海外工程建设者正用"中国速度"铸就新时代的"中国奇迹"。由中国路桥工程有限责任公司（简称中国路桥）承建的越南高岭桥项目于2018年5月实现通车。这是中国企业在越南承建的首座斜拉桥项目，也是全线率先按期完工的项目，为中国工程建设在当地赢得口碑。此前，中国路桥还建设了印尼的泗水—马都拉大桥和塔园大桥、老挝的北本湄公河大桥、柬埔寨金边的水净华新大桥和哥通大桥等。

3. 铁路

东南亚国家的铁路，历史已有上百年，目前基本为窄轨铁路，其中主要有越南铁路约3160千米，泰国铁路约4451千米，马来西亚铁路约1849千米，缅甸铁路约6112千米等；老挝等几国则基本无铁路。东南亚国家的窄轨铁路普遍设施相对落后，维护缺失，运力低下，线路上运行的火车数量稀少，行驶速度缓慢。

马来半岛的铁路主干线有两条，分别是西海岸线和东海岸线。其中，西海岸线从新马边境的新山到马泰边境，全长950千米，连接马来西亚首都吉隆坡以及北海、怡保等大城市，是马来西亚的交通大动脉，同时又是将曼谷和新加坡南北贯通的国际路线；东海岸线从内陆城镇金马士一直延伸到东海岸的哥打巴鲁，全长528千米。虽然新加坡并非属于马来西亚的一部分，但新加坡不仅是马来西亚铁道铁路网的最南端，兀兰关卡更是马来西亚铁路唯一一个在新加坡境内的车站，新加坡与马来西亚之间的国际列车服务亦是由马来西亚铁路营运。但新马之间的马来西亚铁路，也是窄轨铁路，运行速度较慢，相对公路运输没有明显优势。

泛亚铁路是连接欧亚大陆铁路网的统称。1995年12月，在东盟第五届首脑会议上，时任马来西亚总理的马哈蒂尔提出修建一条超越湄公河流域范围，从新加坡，经马来西亚、泰国、越南、缅甸、柬埔寨到中国昆明的"泛亚铁路"倡议。1998年泛亚铁路东盟通道的建设被分为东、中、西3条建设方案。其中，东线经越南、柬埔寨到泰国曼谷，西线经缅甸仰光到曼谷，中线经老挝万象到曼谷，3条线路都需要经过泰国，在曼谷会合，随后南向经过吉隆坡最终到达新加坡（图2.4）。

随着中国高铁技术的快速发展，以及"一带一路"倡议的提出，2013年以来，中国已在泰国、老挝、印尼与马来西亚等东南亚国家相继投建了多个铁路项目，其中较有影响力的工程包括中—老—泰铁路（也分为中老铁路与中泰铁路）、印尼的雅万高铁、马来西亚东铁与泰国EEC高铁等。

2015年10月，中国和印尼签署协议，雅万（雅加达至万隆）高铁项目正式落地。这是中国高铁走向海外的第一个代表性项目，将全面采取中国技术、使用中国标准。雅万高铁虽然不是泛亚铁路东盟通道的重要组成部分，但是在一定程度上促进了中国的高铁技术走出国门。印尼作为东南亚最大经济体，是中国实施"21世纪海上丝绸之路"战略的重要合作伙伴。中印尼合作建设雅万高速铁路，对于发挥铁路在推进"一带一路"倡议中的服务保障作用，深化我国与东南亚相关国家铁路合作，加快泛亚铁路网建设，实现我国与"一带一路"沿线国家交通基础设施互联互通，促进印尼经济社会发展，都具有十分重要的意义。

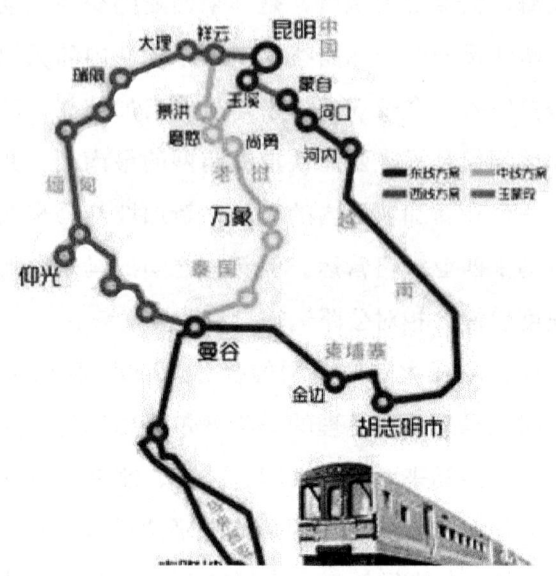

图 2.4 泛亚铁路规划图

2015年12月，连接中国昆明到老挝万象的中老铁路（老挝段）举行开工奠基仪式，为泛亚铁路中线方案的建设带来信心。中老铁路是"一带一路"倡议提出后，第一个以中方为主投资建设、共同运营并与中国铁路网直接连通的境外铁路项目，全线采用中国技术标准、使用中国设备。截至2017年10月底，中老铁路已经全线共开工207处，其中隧道50座、大中桥梁23座、涵洞96个，计划2021年12月底竣工通车。作为泛亚铁路中线和中缅铁路南通道的重要组成部分，中老铁路是融入国家"一带一路"倡议，推进中国—东盟自由贸易区建设的重要基础设施。全线建成后，昆明至老挝万象有望实现夕发朝至。

2017年12月21日中泰铁路合作项目一期工程正式开工。中泰铁路是"一带一路"倡议中泛亚铁路的重要组成部分，也是东南亚走廊的核心工程之一。未来，中泰铁路还将延伸至马来西亚和新加坡，昆明将与东南亚6国实现互联互通，云南成为连接南亚东南亚铁路枢纽中心指日可待。泰国是共建"一带一路"重要合作伙伴，中泰铁路合作项目的建设不仅有利于带动铁路沿线地区和产业的繁荣发展,也将完善泛亚铁路中线建设,进一步奠定泰国作为地区互联互通枢纽和东盟重要经济中心的地位。

中缅国际铁路起点为中国云南省昆明市,终点为缅甸最大城市仰光,是泛亚铁路西段的重要路段。按照规划,昆明至仰光铁路全长约1920千米,中国境内段昆明至瑞丽铁路全长690千米。中缅铁路的建设将对东盟国家特别是缅甸加强与中国西部地区的经贸合作与友好往来起到积极的促进作用,中缅铁路一旦贯通将成为中国连接东南亚、南亚地区的国际大通道,作为"一带一路"交通网中的重要组分发挥强大作用。

铁路一直被视为国民经济的大动脉,对经济社会发展具有先导拉动和基础保障作用。中国铁路在带动中国经济快速增长的同时,也将改变世界对中国的认知,中国将以创新的力量影响世界。

4. 航空

东南亚国家与中国同处一个经济区域,中国与东南亚国家间的经贸往来、人文交流均十分频密。近年来,东南亚各国成为中国最大的旅游目的地。2017年"一带一路"沿线国家运力前20名中,排名前4的均是东南亚国家,其中国内机场直飞泰国、新加坡、马来西亚运力最高,分别为1062.7万座、402.6万座、349.4万座,泰国遥遥领先,是中国对沿线国家航空旅客运输量最大的国家。2017年国内机场直飞泰国航线175条,新开直飞泰国航线44条,直飞泰国运力同比增加12.3%。

印尼是东南亚规模最大的民航市场,之后分别是泰国、马来西亚、新加坡、越南、菲律宾、缅甸、柬埔寨、老挝与文莱。印尼民航市场由于巴厘岛与雅加达的客流量萎缩而基本持平。泰国机场集团运营着泰国6座大型机场,其中4座均属于大型机场。菲律宾航空运输客流量增长,若不是由于首都马尼拉基础设施受限,在这样的经济增长速度下,菲律宾航空运输客流量甚至还会有更快的增长。马来西亚吉隆坡国际机场系东南亚第四大机场，排在新加坡樟宜机场、曼谷素万那普机场以及雅加达苏加诺—哈达国际机场之后，但航空运输客流量增速却属于这四大机场中最快的一个。柬埔寨国内3座商业机场均由隶属于万喜集团的柬埔寨机场公司运营。

越南属于东南亚增速最快的经济体之一，过去两年其年GDP增长超过了6%。由越捷航空引领的低成本航企扩张也刺激了需求的增长，促使利用航空交通在这个东南亚国家内出行的人口数量有了极大的提升。到2020年，越南各航空公司计划开通从岘港、海防、芽庄、大叻、芹苴、富国岛等地至中国重庆、大连、海口、武汉、宁波等地的航线。越南各航空公司还计划增加至北京、上海、广州、昆明、成都等地的航班班次，并在这些航线上更多使用宽体客机。越南国家旅游总局数据显示，2017年越南接待中国游客约401万人次，比上年增长48.6%，中国仍为越南第一大外国游客来源地。

5. 航运

东南亚一方面属于太平洋和印度洋的交汇地带，另一方面也地处亚澳两洲之间的过渡地带，地理位置十分重要。该地区的航线包括太平洋航线中的远东—东南亚航线和印度洋航线中的波斯湾—东南亚—日本航线。太平洋航线中的远东—东南亚航线是中、朝、日货船去东南亚各港，以及经马六甲海峡去印度洋、大西洋各岸各港的主要航线。该航线往来频繁，地区间贸易兴旺，且发展迅速。印度洋航线中的波斯湾—东南亚—日本航线东经马六甲海峡或龙牧，望加锡海峡至日本。东南亚航线的主要港口有：新加坡（新加坡）、巴生（马来西亚）、曼谷（泰国）、海防（越南）、雅加达（印尼）等，港口分布图如图2.5所示。其中，新加坡港在2017年全球前二十大集装箱港口排名中位列第二，一同上榜的还有马来西亚的巴生港和丹戎帕拉帕斯港，分别排第12位和第19位。

<<< 第二章　现代"一带一路"地区交通

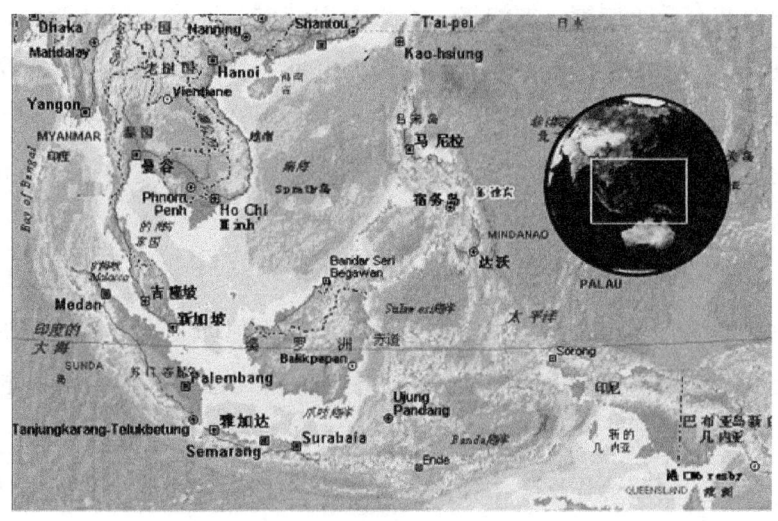

图 2.5　东南亚航线港口分布图

"一带一路"推动了口岸基础设施建设，畅通陆水联运通道，推进港口合作建设，增加海上航线和班次，加强海上物流信息化合作，在此基础上，中国积极对外投资，发展"海上丝绸之路"。

我国与东南亚各国主要港口已经建立了密集的航运网络，包括新加坡港、林查班港、雅加达港等均与我国主要港口建立了固定航线，完成了我国与东南亚各国 6 成以上的贸易往来。而澜沧江—湄公河内河航运的开通，把东南亚和中国大西南这两个有着明显互补性的大市场紧密结合到了一起，使国际航运功能得到了充分发挥，对于加快东南亚和中国西南地区的自然资源开发和经济腾飞起到重要的推动作用。目前澜沧江—湄公河内河航运货量不断提升，航运安全得到极大提高。

第三节　南　亚

南亚指位于亚洲南部的喜马拉雅山脉中、西段以南及印度洋之间的广大地区。它东濒孟加拉湾，西濒阿拉伯海。南北和东西距离各约 3100 千

43

米。南亚共有7个国家，尼泊尔、不丹为内陆国，印度、巴基斯坦、孟加拉为临海国，斯里兰卡、马尔代夫为岛国。此外缅甸、中国西南在文化上亦受到南亚影响很大，所以有时亦被纳入南亚的范围。这块次大陆包含了世界超过20%的人口，使它成为了世上人口最多和最密集的地域，同时也是继非洲之后全球最贫穷的地区之一。

纵览"一带一路"倡议，南亚次大陆雄踞"丝绸之路经济带"与"21世纪海上丝绸"之路之间，中巴、孟中印缅和中尼印三大经济走廊促成两者南北联动态势，而其印度洋港口和南亚岛国则由东向西，衔接起东北亚、东南亚和西亚、非洲乃至欧洲之间的海上丝绸之路。因此，在"一带一路"开展的国际合作框架中，南亚拥有牵连东西、联动南北、沟通海陆的区位优势，具有其他地区难以企及的枢纽地位。

虽然"一带一路"建设在南亚地区的进展参差不齐，不过总体来看，南亚在中国同"一带一路"沿线国家和地区的合作中，已经走在前列。

1. 南亚交通概述

南亚是"一带一路"建设推进的重点区域之一，南亚国家的参与对"一带一路"建设具有重要意义。"一带一路"倡议提出以来，在南亚地区得到了绝大多数国家的积极响应与支持，取得了明显效果。随着"一带一路"建设的不断推进，将进一步释放中国与南亚之间的合作潜力。

南亚交通因区域分割为巴基斯坦地区、印缅地区及尼泊尔地区。在这三大区块中印度作为中间区域，联通两侧巴基斯坦区域与尼泊尔区域，其内部公路与铁路交通线路也最为发达。而与中国的航空连接发展最为迅速的为尼泊尔地区，航运主要港口为巴基斯坦的瓜达尔港。

中国与南亚地区的交通联络主要由中巴、孟中印缅及中尼印3条经济走廊组成。这3条重要通道，除实现中国与南亚各国间的联通外，区域内国家的联动也更为紧密，同时为与其他区域的互动打下夯实的基础。经济走廊部分将在第四章中做详细介绍。

2. 公路

南亚区域穿越喜马拉雅山的线路连接了中国西部（云南、四川和新疆）与中亚，其中许多公路线路通过青藏高原连接到南亚，是南亚地区发展的重要基础。

中印公路，是第二次世界大战期间中美两国合作修建的、自印度利多（现译雷多）至中国昆明的国际军用战略公路。曾命名为"史迪威公路"，由印度利多（现译雷多）经缅甸的密支那至中国云南边境畹町的路段，称"利多公路"。"史迪威公路"一经修复开通，将成为中国走向南亚国家最便捷、最有经济吸引力的陆路大通道。从云南保山的边境出发，到达印度东北部铁路网相连接的重镇——雷多，仅有 500 多千米的路程，从雷多—密支那—保山至昆明的全长路程仅为 1220 千米。

中巴国际公路，又称喀喇昆仑公路，是一条连接中国西部与巴基斯坦的公路。喀喇昆仑公路北起中国新疆城市喀什，穿越喀喇昆仑山脉、兴都库什山脉、帕米尔高原、喜马拉雅山脉西端，经过中巴边境口岸红其拉甫山口，南到巴基斯坦北部城市塔科特，全长 1224 千米，其中中国境内 415 千米，巴基斯坦境内 809 千米。喀喇昆仑公路是巴基斯坦北部地区的交通纽带，是通往首都伊斯兰堡及南部沿海地区的交通要道，对北部地区的经济发展具有重要意义。喀喇昆仑公路也是巴基斯坦国家公路网的组成部分，对于巴基斯坦的国家安全具有重要的战略和军事意义。同时这条公路还是亚洲公路网的组成部分，是中国通往巴基斯坦地区及南亚次大陆的交通要道。

中尼公路是中国西藏通尼泊尔的公路。它由拉萨开始，经日喀则、拉孜县（318 国道），然后分为两条支线（东线为主）。东线为定日县—聂拉木公路：定日县—聂拉木县城—樟木镇的樟木口岸—友谊桥—尼泊尔首都加德满都。这条拉萨开始的中尼公路全长 943 千米，西藏境内 829 千米，此线在 1965 年建成通车。由于 2015 年地震，樟木口岸基本毁坏。西线为拉孜县—吉隆公路：拉孜—219 国道—吉隆县城—吉隆镇的吉隆口岸—尼泊尔。目前，乘汽车，可以从拉萨走吉隆口岸到加德满都。

3. 铁路

南亚与中国间的交通联络在近年来日益密切，其交通线路也由此而愈发密集。同时，南亚国家基础设施建设和投资需求规模庞大。中国一直以来主动与南亚各国共同推动基础设施建设，南亚已成为中国海外工程承包合作的重要市场。

中巴铁路通道，起于中国新疆西部的喀什等城市，止于巴基斯坦印度洋沿岸瓜达尔港等港口。中巴铁路通道建设，对于中巴两国都具有重要战略意义，将对巴基斯坦经济发展起到极大推动作用。在中巴经济走廊合作项目推动下，两国政府和企业正在协商推进巴一号铁路干线（ML-1）、卡拉奇环线城市轨道交通等项目。

中尼铁路，包括中国段和尼泊尔段。其中，中国段由拉萨到吉隆县，该路段占总里程的 4/5 以上。2014 年通车的拉日铁路（拉萨至日喀则）在 2020 年将从日喀则延伸 540 千米，到达中国—尼泊尔边界的吉隆县的吉隆口岸，即拉日铁路的延长线—日吉铁路。2020 年之后，再修建从中国吉隆县到尼泊尔首都加德满都的铁路，此后将尼泊尔三大城市都衔接起来。中尼铁路建设，不仅有助于提升两国间的贸易、商业、旅游业的联系合作，还将有助于改善南亚区域内所有国家市场整合，并扩大贸易量。

2016 年 8 月 8 日，中国中铁股份有限公司（下称中国中铁）与孟加拉国铁路局在孟加拉国首都达卡正式签署帕德玛大桥铁路连接线项目建设合同。这一项目是孟加拉国东西部客货运输主通道之一，线路起于达卡站，经帕德玛大桥最终至杰索尔，组成孟加拉西南部铁路网骨架。此外，中国中铁承担的帕德玛大桥项目目前也正在有序推进。该项目是迄今中国企业在海外承接的最大单体桥梁工程，也是孟加拉国最大的桥梁项目。帕德玛大桥铁路连接线和帕德玛大桥建成后将会彻底结束孟加拉南部 21 个区与首都达卡、孟东部和北部之间客货运跨帕德玛河摆渡往来的历史，推动孟加拉国社会经济的发展，促进孟加拉国与中国、印度、缅甸的经贸往来。同时，也将成为中国"一带一路"倡议的重要交通支点工程和连接中国及"泛亚铁路"的重要通道之一。

从南向通道到南亚国家基础设施建设，在"一带一路"的倡议下，中国正与南亚各国共同为区域合作和基础设施互联互通做出贡献。

4. 航空

印度国际及国内航班班次频繁，是当今世界上发展速度最快的民航市场之一，在全世界位列第九。2017年，印度拥有125个运营机场，其中德里、孟买、加尔各答等20多个主要城市建有国际机场，现代化的新德里英德拉·甘地国际机场是印度主要的航空港，也是南亚第二繁忙的空港。中国国航、东航、南航、山东航空分别开通了北京—德里、成都—班加罗尔、上海—成都—孟买、北京—上海—德里、昆明—加尔各答和广州—德里、济南—德里的直航航班。

尼泊尔全国共有56个机场，包括1个国际机场（位于首都加德满都）、3个地区中心机场和52个其他小规模机场。目前，29家国际航空公司开通了到尼泊尔的航线，从尼泊尔首都加德满都可飞往曼谷、新德里、新加坡、吉隆坡、达卡、伊斯坦布尔、拉萨、广州、成都、昆明、西安、中国香港等地。近年来，中尼航空合作发展迅速，两国直达航班已由2007年每周2班增至目前的每周51班，中国直飞加德满都的城市从1个扩至5个，分别是成都、拉萨、广州、昆明、西安。互联互通是中尼"一带一路"框架下合作的重中之重，两国有意打造一条立体大通道。作为长远愿景，这个大通道将来可以为可能建设的中国、尼泊尔、印度三边经济走廊创造条件，提供便利。

巴基斯坦共有9个国际机场和27个国内机场，开辟了30多条国际航线。巴基斯坦各机场年旅客运输量约为1500万人次，货、邮运输量为

31.8万吨。巴基斯坦国际航空公司（PIA）承担了80%的国内人员空运和几乎全部的货邮运输，其中与中国、印度、阿富汗等邻国及欧洲、北美、东南亚许多国家都有直航。目前，巴基斯坦已与94个国家和地区签署了双边航空协议，32家外国航空公司有定期往返巴基斯坦的航班。中巴之间可直航，也可经泰国、阿联酋等转机。两国之间的直航航班有：北京—伊斯兰堡—卡拉奇（国航）、乌鲁木齐—伊斯兰堡（南航）、乌鲁木齐—拉合尔（南航）北京—伊斯兰堡—拉合尔（巴航）。

斯里兰卡主要有两大国际机场。班达拉奈克国际机场（也称为科伦坡国际机场）是斯里兰卡第一国际机场，以前总理班达拉奈克的名字命名，位于首都科伦坡北部35千米的尼甘布地区。2017年3月，由中国航空技术国际工程公司承建的班达拉奈克国际机场跑道项目主体工程顺利完工，为改善斯里兰卡航空设施发挥了积极作用。拉贾帕克萨国际机场（也称为马特拉国际机场）是斯里兰卡第二国际机场，以前总统拉贾帕克萨的名字命名，利用中国政府优惠贷款建设，位于斯里兰卡南部汉班托塔地区，2013年3月投入使用。由于全球经济的复苏和斯里兰卡战后旅游业的提振，近年来斯里兰卡航空业发展迅速，入境游客显著增长。目前，中国和斯里兰卡两国之间的直航航班有：成都—科伦坡（国航）、上海—科伦坡（东航）、昆明—科伦坡（东航）广州—科伦坡（南航）。同时，斯里兰卡航空公司执行北京、上海、广州和昆明至科伦坡直达航班；旅客也可通过中国香港、曼谷、新加坡、马来西亚吉隆坡等地转机来科伦坡。

随着旅游业的快速发展，马尔代夫民航业近年来取得较大发展，全国共有4个国际机场和6个国内机场。全球已有超过50家航空公司开通了多国至首都马累的客运或货运服务，其中中国的首都航空、南方航空、东方航空、四川航空、香港国泰航空以及马尔代夫国家航空等航空公司开通了中国至马尔代夫的定期或包机航线。目前，中国北京、上海、广州、昆明、重庆、成都、武汉、南京、西安、长沙、杭州、香港等地有直飞马累的定期或旅游包机航班。

孟加拉国是国际民航组织成员,现有在使用中的机场共 8 个,其中 3 个国际机场(达卡、吉大港、锡莱特)。目前中国内地至孟加拉国首都达卡的航空路线有两条,一条是由中国东方航空公司运营的北京—昆明—达卡航线,另一条是中国南方航空公司运营的广州—达卡航线。2018 年 4 月,孟加拉 US-Bangla 航空公司开通达卡至广州航线,成为首家开通中孟国际航线的航空公司。

5. 航运

"21 世纪海上丝绸之路"从东亚经南海通往欧洲和非洲,南亚—印度洋地区位于其咽喉之地。在这条丝绸之路上,既有孟加拉国、印度、巴基斯坦等国主要沿海港口,也有斯里兰卡和马尔代夫这样的印度洋岛国。这些岛国和主要港口构成了海上丝绸之路的重要节点,其中不少港口未来随着丝路建设而将成为国际航运、贸易、物流、金融服务的中心。

印度拥有 7517 千米海岸线,海运能力位居世界第 16 位,拥有 12 个主要港口和 187 个非主要港口。12 个主要港口中的 6 个位于印度东海岸,分别是:加尔各答、帕拉迪普、维沙卡帕特南、恩诺儿、金奈以及杜蒂戈林;6 个位于西海岸,分别是:根德拉、孟买、加瓦拉尔·尼赫鲁港、莫尔穆加奥、新芒格洛尔港以及柯枝。水运是印度外贸运输的主要方式,全印度 95% 的外贸通过水运完成,贸易价值占比超过 7 成。近年来,印度港口吞吐量稳步增长,年增长率约为 10%~12%。印度计划建设 10 个沿海经济特区,覆盖海岸线达 300~500 千米,以提振航运发展。

目前巴基斯坦共有三大海港,分别是卡拉奇港、卡西姆港和瓜达尔港。其中,中国援建的瓜达尔港是一个温水、深海港。瓜达尔港位于具有重要战略意义的波斯湾咽喉附近(图 2.6),紧扼从非洲、欧洲经红海、霍尔木兹海峡、波斯湾通往东亚、太平洋地区数条海上重要航线的咽喉。瓜德尔距离全球石油供应的主要通道—霍尔木兹海峡大约 400 千米。利用中亚与该港口相连的公路与铁路,中国有望开辟一条往新疆等西部地区输送能源的通道。同时，也加深了中国与巴基斯坦的友谊，中国在腾飞的同时，带动巴基斯坦一起发展。

图2.6　瓜达尔港

斯里兰卡是印度洋岛国，沿海地区占国土面积25%，人口占1/3，超过2/3的工业设施和超过80%的旅游设施集中位于沿海地区。斯里兰卡紧邻亚欧国际主航线，在货物转运、船舶中转和补给等方面具有独特优势。近年来，斯里兰卡政府通过扩建科伦坡港、新建汉班托塔港，进一步增强了斯里兰卡国际航运能力，为发展海洋经济奠定坚实基础。其中，汉班托塔港是由中国政府向斯里兰卡提供贷款，由中国港湾工程有限责任公司建设。该项目起源于2005年时任斯里兰卡总统拉贾帕克萨政府提出"两翼一带"的国家发展战略，目标是把汉班托塔地区打造成斯里兰卡的工业基地。目前，汉班托塔港已经建成一期、二期，成为斯里兰卡第二大港，是一座集集装箱码头、干散货码头、滚装码头、油码头等业务于一体的综合性港口。

马尔代夫船运业始建于1966年。马尔代夫船运有限公司是马尔代夫最大的船运公司，主要经营中东和远东地区的国际船运以及国内诸岛间的航运业务，马尔代夫90%的进口产品都靠其运入。中小型船舶是马代岛际交通的主要运输工具。目前，全国有两个主要港口，马累港和甘岛港。

第四节 中 亚

中亚位于亚洲中部地区，狭义上包括五国，即吉尔吉斯斯坦、乌兹别克斯坦、塔吉克斯坦、哈萨克斯坦、土库曼斯坦。

中亚地区位于亚欧大陆的地理中心，是"新亚欧大陆桥"的途经之地，是我国通往西亚、欧洲大陆的门户，也是丝绸之路经济建设的首要目标地带，作为交通运输枢纽具有重要的战略地位。自"古丝绸之路"以来，我国就与中亚地区在人员交流、货物流通、文化融合等方面往来密切，传统与历史的交集，为丝绸之路经济带中亚地区的发展与合作奠定了良好的人文基础。

1. 中亚交通概述

中亚五国至今仍然为农业国家的社会结构，工业基础薄弱，经济社会总体发展水平较低。根据世界经济论坛的《全球竞争力报告（2016—2017年）》，中亚国家的交通基础设施发展相对落后。中亚地区位于欧亚内陆腹地，海运不便，而空运成本较高，所以陆路交通成为中亚国家对外联系的主要方式。

中国当中亚的交通互联互通可以充分发挥中国的港口优势，更好地为中亚和"一带一路"沿线国家的对外贸易和经济合作服务。同时，贯通东南西北交通运输走廊的实现，也可以节省石油、大宗商品以及战略物资运输的时间成本和资金成本，成为欧亚经济整合的必要条件。中国同中亚之间交通运输方面的协作，已由从前的公路交通发展到目前具有公路、铁路、航空等在内的运输协作系统。现在，我国同中亚各国已经形成涵盖口岸、公路、铁路、管道的立体交通。此外，中国与哈萨克斯坦、乌兹别克斯坦、吉尔吉斯斯坦、塔吉克斯坦4国在上海合作组织框架内也开展了多边合作关系，为丝绸之路经济带交通便利化合作奠定了基础。

2. 公路

从整体上来看，中亚地区内贸易运输更多的是依靠公路。但中亚国家国内的公路交通普遍落后，建设普遍老化，配套设施不足。

吉尔吉斯斯坦是典型的内陆国家，没有出海口，公路运输是其最重要的运输方式。截至 2014 年 9 月，全国公路总里程 3.4 万千米，其中各地州的公路总长 1.88 万千米，其余 1.52 万千米为城镇、乡村及各类企业用路。吉尔吉斯斯坦境内共有 8 条主要交通干线，总长 2242 千米。

乌兹别克斯坦现有公路 18.3 万千米，国家高速公路 2755 千米。干线公路连通各州并与俄罗斯、哈萨克斯坦、塔吉克斯坦、吉尔吉斯斯坦、阿富汗等邻国公路网相连，但路况较差，亟待改造。

中吉乌国际公路东起中国新疆喀什，穿越吉尔吉斯斯坦南部城市奥什，西抵乌兹别克斯坦首都塔什干，全长 950 千米。它是新疆塔里木盆地到中亚阿姆河流域一条重要的公路大通道，也是中国—中亚—西亚国际经济走廊的重要组成部分。中国由东向西的陆地物流通道出口主要有 3 个方向，一是通过新疆阿拉山口、霍尔果斯向西；二是通过内蒙古二连浩特，经蒙古国入俄罗斯；三是通过满洲里（包括通过绥芬河走西伯利亚铁路），再往欧洲发货。此次新通道的开辟，使新疆拥有了第二条多边国际通道。这不仅是"一带一路"框架下的一条物流大通道，更是一条惠及乌兹别克斯坦、吉尔吉斯斯坦和中国沿线地区人民的富裕之路。

塔吉克斯坦国土面积的 93% 为山地，地形地貌复杂，筑路困难，交通条件较差，主要以公路为主。据统计，塔吉克斯坦现有公路总长 1.42 万千米，几乎全部建于苏联时期。塔吉克斯坦政府将发展交通作为国民经济发展的优先领域，并已着手实施公路战略规划。目前，塔吉克斯坦有以下 4 条公路骨干线，均以首都杜尚别为中心，向周边国家辐射：①塔中（中国）公路；②塔吉克斯坦—吉尔吉斯斯坦公路；③塔阿（阿富汗）公路；④塔乌（乌兹别克斯坦）公路。

哈萨克斯坦是世界上最大的内陆国，人口平均分布密度较低，地广人稀，公路在交通运输行业中起着重要作用。哈萨克斯坦的公路网仅次于俄罗斯，全国公路总里程9.74万千米，其中国道2.35万千米，州（区）道7.39万千米。哈萨克斯坦境内有6条国际公路，承担着欧亚大陆之间过境货物运输，具有极其重要的意义。"欧洲西部—中国西部"交通走廊（双西公路）东起中国东部海滨城市连云港，西至俄罗斯第二大城市圣彼得堡，途径中国郑州、兰州、乌鲁木齐，出霍尔果斯口岸进入哈萨克斯坦，从北部边境出境进入俄罗斯，经奥伦堡、喀山、莫斯科抵达圣彼得堡，与欧洲公路网相连。其在哈萨克斯坦境内穿越五个州，沿线总人口460万，占哈萨克斯坦人口总数的1/3。

土库曼斯坦最具竞争力的是公路交通服务市场，全国公路里程1.37万千米（其中90%为硬路面）。公路运输领域私营比重稳定增长，经营主体不断提升服务质量，并寻求新的方法和措施来适应客户不断变化的需求。公路交通平均每1000平方千米约有30千米公路，可抵达与土库曼斯坦接壤所有国家的边境，包括乌兹别克斯坦、阿富汗、哈萨克斯坦、伊朗，把土库曼与欧洲、波斯湾和东南亚国家紧密地联系起来。货物运输在公路交通发展中起着重要作用，近年来在土库曼过境的国际汽运量显著增长，本国运输车辆的比重在扩大。土库曼现代化国际道路的建设，与世界交通网络的接轨，将极大提高其他国际道路运输及运输服务市场的竞争力。

目前，中亚各个国家都在加强建设本国的道路运输系统，中国与中亚国家在已有的公路运输基础上逐渐开展更大范围的公路交通协作。中国境内多条公路从新疆延伸至哈萨克斯坦、塔吉克斯坦和吉尔吉斯斯坦，从东部横穿中部抵达西部，从上海、连云港等港口城市出发，直抵新疆乌鲁木齐。中国在西北边境向中亚邻国已开放的边境公路口岸有霍尔果斯、吐尔尕特、阿黑土别克、木扎尔特、吉木乃、巴克图、卡拉苏、阿拉山口、都拉塔和伊尔克什坦。在10个边境公路口岸中，通往哈萨克斯坦的口岸有7个，通往吉尔吉斯斯坦的口岸有2个，通往塔吉克斯坦的有1个口岸。据中国交通运输部国际合作司相关负责人介绍，利用中亚区域经济合作和上海合作组织等机制和平台，未来几年，中国还将积极推进与中亚国家的互联互通合作，以充分发挥交通运输在"一带一路"中的先行作用。

3. 铁路

由于中亚复杂的地理环境，决定了中亚地区铁路运输是更为便利、经济的运输方式。在中国与中亚国家铁路交通运输合作中，最具典型意义的合作项目应是20世纪90年代新亚欧大陆桥贯通和"一带一路"倡议下以"渝新欧"为代表的欧洲货运班列的开通。这两条横贯中亚境内的亚欧国际铁路通车运营，极大缩短了太平洋西岸到欧洲大陆西端的距离，避免了海上运输风险，保障了货物运输安全，打通了中国和欧洲货物流通渠道，极大促进和带动了铁路沿线国家的基础设施建设和经济发展水平提高。随着"一带一路"倡议纵深推进，中国已建立途径中亚各国直通欧洲的"汉新欧""义新欧""郑新欧"等国际货运班列，开辟了新的对外贸易出口通道，极大推动了我国及中亚地区的进出口贸易发展。

哈萨克斯坦作为世界上最大的内陆国家，铁路交通在全国交通运输中扮演着重要角色。据哈萨克斯坦国有铁路公司统计，哈萨克斯坦铁路技术指标、现代化程度以及运输能力在独联体地区位居第3位，仅次于俄罗斯和乌克兰。哈萨克斯坦目前铁路干线总里程1.51万千米，密度为每平方千米5.53。"热特肯—霍尔果斯"铁路线东起中哈边境口岸霍尔果斯，西至阿拉木图以北约70千米处的铁路小站—热特肯村，与北上的铁路线相联，全长293.2千米。"热—霍"铁路是中哈第二条跨境铁路，被称为"通向中国之门"项目。2011年12月，中哈铁路成功对接，中国与中亚国家铁路运输里程缩短了550千米，有助于提升哈萨克斯坦转运能力，带动相关产业发展，为铁路沿线地区带来巨大经济利益，促进和扩大哈与中国及东南亚国家的经济联系。当中国开行的2001次列车与哈萨克斯坦开行的3602次列车在中哈铁路接轨点通过，相向驶向对方车站，标志着中哈霍尔果斯至阿腾科里铁路口岸通车运营。这是继中国连云港—阿拉山口—哈萨克斯坦阿拉木图—荷兰鹿特丹的新亚欧大陆桥开通运营20年后,中国第二条向中亚、西亚、欧洲开放的国际铁路通道。

乌兹别克斯坦现有铁路6500千米,电气化铁路1000多千米。乌兹别克铁路承担着60%国内货物和80%进出口货物运输的任务。乌兹别克斯坦积极参与和支持国际运输通道的建立,其中,连通阿富汗、巴基斯坦和伊朗的铁路建设已获得进展。

吉尔吉斯斯坦境内铁路交通不发达,自1991年苏联解体后,其铁路网被分割为互不相连的南北两部分,铁路总长度423.9千米。目前北部铁路长322.7千米,东起伊塞克湖西岸的巴雷克奇,向西经吉—哈边境与哈萨克斯坦铁路网相连,并可直达俄罗斯;南部铁路长101.2千米,自奥什至贾拉拉巴德。

中吉乌国际铁路,从中国新疆的喀什向西出境,经吉尔吉斯斯坦卡拉苏,到达乌兹别克斯坦的安集延。待建的中吉乌铁路是从中国运输货物到欧洲和中东的最短路线,货运时间将节省7~8天。它是"一带一路"建设的重要组成部分,是构成中国与欧洲之间铁路运输新通道不可或缺的一部分,也是中国通往非洲大陆的桥梁。中吉乌铁路建成将完善新亚欧大陆桥南部通路,形成东亚、东南亚通往中亚、西亚和北非、南欧的便捷运输通道,进一步拓宽新亚欧大陆桥的运输范围,提高新亚欧大陆桥在国际运输中的地位(图2.7)。

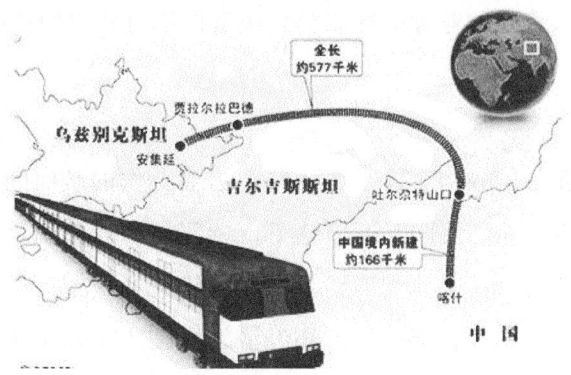

图2.7 中吉乌铁路建设方案

土库曼斯坦国内铁路全长超过 5000 千米，共有 742 座铁路桥。土库曼斯坦境内现已基本形成东西贯通、南北相连的铁路布局，但尚无电气化铁路。土库曼斯坦与周边邻国乌兹别克斯坦、阿富汗、伊朗和哈萨克斯坦之间均有铁路对接站点。土库曼斯坦高度重视中国—哈萨克斯坦—土库曼斯坦—伊朗国际集装箱班列建设，希望借此提升"丝绸之路"枢纽地位和竞争力。

塔吉克斯坦有北、中、南 3 条互不相连的铁路线，通过邻国乌兹别克斯坦与独联体及周边国家相连。塔吉克斯坦受制于交通基础设施的落后，交通运输能力较差。塔吉克斯坦 2014 年竣工完成土库曼斯坦、阿富汗和吉尔吉斯斯坦的铁路项目，同时完善了卡拉苏—阔勒买口岸基础设施。中国铁建承建的瓦亚铁路项目 2015 年 5 月 15 日举行开工典礼，瓦亚铁路建成后，将使塔吉克斯坦中、南段铁路实现联网。

中亚地区作为重要的交通运输枢纽，铁路基础设施建设将形成"三横两纵"的国际通道，其中横向已建成的铁路有"新亚欧大陆桥"和"杰兹卡兹甘—别伊涅乌"以及在建的"土—阿—塔"铁路，纵向有"俄—哈—吉—塔"铁路和国际"北—南"运输走廊。3 条横向的跨国铁路基本沿东西走向连接中国或者中国周边国家，向西通向伊朗、土耳其，并进一步向欧洲地区延伸；两条纵向的跨国铁路以南北为基本走向，连接哈萨克斯坦等中亚国家与阿富汗、伊朗的铁路项目。未来，中亚地区"三横两纵"的国际通道格局，将在欧亚大陆物流等领域发挥不可替代的重要作用。

4. 航空

中国同中亚各国分别签署了保障航空运输合作的政府间民用航空运输协定。在"一带一路"互联互通战略下，中国与中亚各国之间的航空运输合作迎来了新的契机，中国内地重要城市纷纷开通中亚国际航线，为"一带一路"沿线经贸往来、人文交流和经济发展注入了新活力。目前，开通了从北京、上海、乌鲁木齐、喀什、西安、兰州、广州、重庆等国际机场飞往中亚国家的阿拉木图、阿斯塔纳、杜尚别、塔什干、阿什哈巴德和比什凯克等重要城市的国际航班，打造中国与中亚国家航空领域之间的"空中丝绸之路"，形成辐射中亚各国、南亚、西亚直至欧洲的国际航空运输体系，助推"一带一路"建设。

土库曼斯坦目前有两个国际机场和一家航空公司——土库曼斯坦航空公司，开通了往返北京的航班。此外，中国南方航空公司每周有两班往返于阿什哈巴德—乌鲁木齐。由于阿什哈巴德是中亚的转机地，土库曼斯坦航空公司还能够提供到阿什哈巴德后转机前往基辅、莫斯科、伊斯坦布尔三地的航班。这条航线的开通有望为土中两国人民的交往和两国旅游事业的发展做出贡献。

吉尔吉斯斯坦有14家航空公司从事民航经营。吉尔吉斯斯坦只有一座国际机场，也就是位于首都比什凯克的"玛纳斯"国际机场。该机场每周有定期航班飞往新德里、卡拉奇、伦敦、伊斯坦布尔、乌鲁木齐、法兰克福、沙迦等外国空港，以及莫斯科、明斯克、塔什干等城市。吉尔吉斯斯坦有民用航线19条，其中国内3条。中国飞吉尔吉斯斯坦的主要航线有2条：乌鲁木齐—比什凯克、乌鲁木齐—奥什。这两条航线起到了重要的联通作用。

乌兹别克斯坦在苏联时期享有"航空港"之美称，也是中亚地区唯一能生产飞机的国家。乌兹别克斯坦航空公司的班机可以直飞美国、日本、俄罗斯、德国、中国、韩国等40多个国家和地区。目前中国与乌兹别克斯坦的航线包括北京到塔什干、塔什干到乌鲁木齐。2010年南航北京分公司开通北京—乌兹别克斯坦首都塔什干往返航线，这是中国首次开通的至乌兹别克斯坦的航班。该航线的开通进一步丰富了南航在京的国际通航点，为两国旅客的出行提供新的选择，也为国内与中亚地区的贸易及商务交流搭建起便捷的桥梁。

塔吉克斯坦主要有杜尚别机场、胡占德机场、库利亚布机场。与沙迦（阿联酋）、马什哈德（伊朗）、新德里（印度）、喀布尔（阿富汗斯坦）、伊斯坦布尔（土耳其）、慕尼黑（德国）、乌鲁木齐（中国）等城市有国际航班，还有至莫斯科、圣彼得堡、阿拉木图、比什凯克、奥什、叶卡捷琳堡、新西伯利亚等国家的国际航线。国内有杜尚别至胡占德、霍罗格、库利亚布、潘吉肯特等城市的航班等。主要机场有杜尚别机场、胡占德机场、库利亚布机场。2016年，由塔吉克航空公司与中国新疆旅游产业联盟共同合作开通的"北京—杜尚别—北京"航线首航起飞，每周定期一班。该条航线的开通是在两国驻对方国大使馆的共同推动下顺利实现的。新疆旅游产业联盟将依托这条航线，利用自身旅游产业整合优势开发塔吉克斯坦出境游业务，同时也将推出经杜尚别中转到其他国的旅游产品，将中亚丰富的旅游资源展现给中国游客，推动"一带一路"沿线国家的交流和往来。

哈萨克斯坦国土辽阔，航空运输在哈萨克斯坦占有重要地位。现有大型机场21个，其中12个提供国际空运服务。全国最主要的机场是阿拉木图机场和阿斯塔纳机场。阿斯塔纳航空公司是哈萨克斯坦最大的民航公司，现直飞60余条国内和国际航线，至欧洲、美洲、大洋洲等均有直达航班。该公司飞往中国的航班有：阿拉木图—北京，每周4班；阿斯塔纳—乌鲁木齐，每周2班；阿斯塔纳—北京，每周3班。目前，中国南方航空公司和海南航空公司分别开辟了阿拉木图—乌鲁木齐和阿拉木图—北京的航班。阿斯塔纳航空公司称，近些年来中国至哈萨克斯坦客运量增长了81%。

5. 航运

水运是包括中亚五国在内的内陆国家的普遍弱势。由于地理环境的限制，中亚五国的船舶运输基本上是内河航运，仅哈萨克斯坦、土库曼斯坦两国拥有国际海港（哈萨克斯坦阿克套国际贸易港，土库曼斯坦元首港），其水上货物运输能力较低。

哈萨克斯坦的里海（内陆湖）运输主要依靠3个港口：阿克套国际贸易港、包季诺港和库雷克港，均位于北里海东岸。阿克套港位于曼格斯套州州政府阿克套市，是目前唯一的国际海港，也是里海最现代化的港口和最主要的过境中转点，维持着哈与里海、黑海和地中海部分国家的联系。

土库曼斯坦是内陆国家，无出海口，但濒临里海。水运系指经里海（内陆湖）和阿姆河（内河）的客、货运输。土库曼什港是里海东岸最大港口，土库曼斯坦西部的对外门户。土库曼斯坦里海港口不仅是土通往其他沿岸国家的门户，还是中亚、伊朗等国家的贸易中转枢纽。此外，土库曼斯坦与其他沿里海国家的港口－阿克套（哈）、阿斯特拉罕（俄）、马哈奇卡拉（俄）、巴库（阿塞拜疆）和涅卡（伊朗）之间均辟有油轮航运通。

吉尔吉斯斯坦内河航运以伊塞克湖为主，港口包括巴雷克奇和卡拉阔尔，航线总长189千米。年货运量不超过5万吨。

乌兹别克斯坦和塔吉克斯坦均为内陆国家，无海运，且内河水系不适合航行，也无内河航运。

第五节 西 亚

西亚，亚洲西部，自伊朗至土耳其，是联系亚、欧、非三大洲和沟通大西洋、印度洋的枢纽，包括伊朗高原、阿拉伯半岛、美索不达米亚平原、小亚细亚半岛。土耳其海峡是黑海出入地中海的门户，霍尔木兹海峡是波斯湾的唯一出口，航运十分繁忙。苏伊士运河和红海是亚非两洲的分界线，沟通了印度洋和地中海。包括的国家有伊朗、伊拉克、阿塞拜疆、格鲁吉亚、亚美尼亚、土耳其、叙利亚、约旦、以色列、巴勒斯坦、沙特、巴林、卡塔尔、也门、阿曼、阿联酋、科威特、黎巴嫩、塞浦路斯共19国。

1. 西亚交通概述

自古以来，西亚就是东、西方交通的要道。"丝绸之路"由中国西安，沿河西走廊出新疆，经巴基斯坦再由西亚到欧洲的。西亚除西面有陆路和国际航空线连接三大洲外,沟通地中海和红海的苏伊士运河也连接了大西洋和印度洋。西北面的海峡则是黑海通往地中海的唯一出海口。南面的波斯湾是世界石油运输的主要航道,而霍尔木兹海峡、曼德海峡是海上石油运输线上的"咽喉"。因此,西亚处在联系三大洲,沟通两洋五海的现代陆海空交通枢纽地带,战略地位十分重要。

2. 公路

据伊朗国家统计中心数据,2014—2015 财年伊朗公路总里程为 21.46 万千米,其中高速公路 2401 千米。伊朗高速公路建设相对滞后,伊朗道路与城市发展部正加快推动多个高速公路项目。伊朗和邻国公路连接情况较好,与土库曼斯坦、阿富汗、巴基斯坦、伊拉克、土耳其、亚美尼亚、阿塞拜疆均已有公路相连接,陆路运输便捷。目前印度在阿富汗境内建设迪拉纳姆—扎兰吉公路,未来将连接至伊朗恰巴哈尔港。

伊拉克国内交通运输以公路为主。公路网遍布全国,总长约 5.96 万千米,多数建于 1991 年之前。在海湾战争和伊拉克战争中,伊拉克公路和桥梁受损严重,多数公路已经修复,但一些能够通行的路段路况较差。部分公路可通往土耳其、叙利亚、约旦及科威特等国。

阿塞拜疆全国公路总里程 5.9 万千米,其中,2.9 万千米为硬化路面。在阿塞拜疆境内有两条运输主干线:①贯穿阿塞拜疆南北的干线公路,全长约 521 千米,是连接俄罗斯和伊朗的重要过境运输通道;②贯穿阿塞拜疆东西的干线公路,与格鲁吉亚边境相连,境内全长约 503 千米。该干线是 TRACECA 国际运输走廊的重要组成部分。

土耳其在运输系统的投资集中于陆路运输。近年来,土耳其公路网络得到迅猛发展,截至 2017 年底,公路总长达 24.75 万千米。土耳其还发展了欧洲最大的公路运输车队之一。目前,95%的乘客和 90%的货物都是通过公路来运输的。

叙利亚公路总长 69873 千米,不仅连接国内各城镇,并可通往伊斯坦布尔、土耳其、伊拉克、约旦和黎巴嫩等。

以色列境内的公路从城市到乡村形成了一个完整的网络系统。公路一般都是双车道，沿着海岸有一条四车道公路，将特拉维夫和海法联接起来，并通往耶路撒冷和比尔谢巴。截至2012年，以色列全国公路总里程超过18697千米。

沙特阿拉伯主要运输方式是公路交通。沙特道路总长19.3万千米，公路总里程为5.5万千米，其中主要公路1.5万千米，支线公路3.05万千米，二级公路0.95万千米。国际公路网与约旦、也门、科威特、卡塔尔、阿联酋、巴林等国相通。

3. 铁路

伊朗铁路总长13348千米，铁路网以德黑兰为中心向周边放射，连接主要城市马什哈德、大不里士、伊斯法罕、阿瓦士、阿巴斯港等。伊朗铁路已连接土库曼斯坦、巴基斯坦、土耳其。据媒体报道，2016年2月中伊货运班列从中国义乌出发，经哈萨克斯坦、土库曼斯坦抵达伊朗；欧洲旅行团乘坐豪华旅游专列从欧洲发车，经土耳其抵达伊朗进行旅游。目前伊朗与伊拉克正在建设两伊铁路（巴士拉—萨拉姆齐铁路线）；帮助阿富汗建设伊朗哈夫至赫拉特的铁路线；与阿塞拜疆、亚美尼亚推动铁路网互联互通。此外，中国与阿富汗、塔吉克斯坦、哈萨克斯坦、伊朗五国正在探讨建设连接中国至伊朗的标准轨铁路线。该条铁路将从中国出发，通过阿富汗、塔吉克斯坦、哈萨克斯坦，最终与伊朗铁路线连接。

伊拉克铁路总长2272千米，主要有以巴格达为中心的3条干线：巴格达—基尔库克—埃尔比勒线，巴格达—摩苏尔—土耳其线，以及苏联援建的巴格达—乌姆盖斯尔港线。

阿塞拜疆国内铁路总长2929.4千米。目前，阿塞拜疆铁路运输以通往格鲁吉亚方向为主，从巴库至格鲁吉亚的货运量约占全国铁路货物运输总量的70%左右。阿塞拜疆铁路客运设有开往全国各主要城市以及俄罗斯、乌克兰和格鲁吉亚等国的固定班次。此外，从巴库港到土库曼巴西（土库曼斯坦）和阿克套（哈萨克斯坦）有铁路轮渡和油轮运输。

叙利亚铁路总长 2798 千米（截至 2011 年），占中东铁路网的 19%。但由于当地反政府武装曾针对铁路进行了破坏行动，2011 年后铁路总长较此前有所下降。2014 年，铁路总长 2052 千米，主要分布在国家南部，连接大马士革和约旦首都安曼。世界银行数据显示，截至 2015 年，叙利亚铁路总长 2139 千米。

土耳其铁路网总长 10207 千米（截至 2017 年底）。近年来，土耳其政府大力抓铁路建设，计划通过铁路将沿海港口与一些重要省份实现连接。2017 年 10 月 30 日，土耳其同格鲁吉亚和阿塞拜疆联合兴建的卡尔斯—第比利斯—巴库铁路投入运营。该铁路总长度 838 千米。从土耳其出发的列车可以穿越格鲁吉亚和阿塞拜疆，到达中亚和中国，运输时间可缩短至 12～15 天。此外，位于博斯普鲁斯海峡口的马尔马拉海底铁路隧道于 2014 年 10 月 29 日通车，该隧道把欧、亚两洲的铁路连接起来。

沙特阿拉伯现有铁路是利雅得—达曼铁路，全长 590 千米。正在建设的有南北铁路，全长 2400 千米。规划建设的麦加、吉达、拉比格、麦地那等城市间的朝觐铁路，全长 444 千米，铁路年运送旅客 110 万人次，货物 350 万吨。2018 年 9 月 14 日，设计最高时速为 360 千米的麦加至麦地那双线电气化高铁建成，这也是中国企业在海外参建的世界首条穿越沙漠地带的高铁。

4. 航空

伊朗共有机场 83 个，其中 14 个军用机场、61 个综合性机场（只有 22 个可降落飞机）和 8 个客运机场。德黑兰、伊斯法罕、设拉子、大不里士、阿巴丹和阿巴斯为六大国际航空港。伊朗有通往中东、亚洲及欧洲的庞大航空网络。伊朗与中国的直达航线有：北京—乌鲁木齐—德黑兰（中国南方航空公司）、北京—德黑兰（伊朗航空公司、伊朗马汉航空公司）、广州

—德黑兰（伊朗马汉航空公司）、上海—德黑兰（伊朗马汉航空公司）。我国南方航空公司在德黑兰设有办事处，主营北京—乌鲁木齐—德黑兰线路航班。

伊拉克国内巴格达、巴士拉、埃尔比勒、苏莱曼尼亚、摩苏尔、纳杰夫有国际机场，哈迪塞、基尔库克有相对较小的民用机场。2003年，受战争影响，伊拉克航空业陷于瘫痪。2004年开始恢复部分国际航班，巴格达有飞往迪拜、安曼、开罗、伊斯坦布尔、阿布扎比、多哈、法兰克福等城市的国际航线。伊拉克航空公司已于2015年开通巴格达、巴士拉与广州、北京间的直航航线。

阿塞拜疆国内航空公司2016年完成客运总量198万人次，同比增长8.7%。航空客运量的99.5%由阿塞拜疆航空公司（国企）完成，私企航空公司完成客运的0.5%。阿塞拜疆航空公司已开通11条国际航线和1条国内航线。有巴库和占贾两个国际机场。阿塞拜疆于2013年8月开通了巴库至北京直航，每周两班。2016年7月，中国南方航空公司开通"巴库—乌鲁木齐—广州"航线，每周两班。

土耳其共有102座机场（90座有铺设跑道，另12座无铺设跑道），包括6座国际机场，并有21座直升机飞机场。土耳其航空公司是欧洲发展最快的航空公司之一，其运输量和运输能力增长在欧洲都位列前茅。截至2018年，土耳其航空公司航班目的地304个，包括49个土耳其国内和255个遍布全球其他121个国家的目的地，位居全球各航空公司之首。2011—2017年，土耳其航空公司连续被评为"欧洲最佳航空公司"。

叙利亚除大马士革国际机场外，还有6个省级地方机场。中国至叙利亚主要航线有北京—阿联酋—大马士革、北京—多哈—大马士革。由于叙利亚危机，绝大部分航空公司已取消叙利亚航线，目前叙利亚仅有叙利亚航空仍在经营大马士革飞往开罗、德黑兰、莫斯科、迪拜等少数几条国际航线。

以色列全国共有48个机场，3个国际机场。最主要机场是本·古里安国际机场。主要航空公司有以色列航空公司。北京—特拉维夫、上海—特拉维夫、广州—特拉维夫的直飞航线已分别于 2016 年 4 月、2017 年 9 月和 2018 年 8 月正式开通。

沙特阿拉伯有机场 27 个，其中 4 个国际机场、6 个地区机场、17 个本地机场。年运输旅客 1890 万人次，飞行 55895 航次，货物运输 38.2 万吨。从中国去往沙特的航线有：沙特航空经营的利雅得—广州直航航线；中国国际航空公司或阿联酋航空经营的北京—迪拜航线转乘阿联酋航空、沙特航空、Flynas 航空等运营的迪拜—利雅得或吉达航线。

目前，卡塔尔航空公司运营的国际航线已达到 170 余条，与周边国家主要城市基本都有直达航班，拥有各型飞机 214 架，全球雇员超过 45000 人。中国与卡塔尔的航线中，在中国端的航空港主要有北京首都国际机场、上海浦东国际机场、广州白云国际机场、香港赤腊角国际机场、成都双流国际机场、重庆江北国际机场、杭州萧山国际机场。在卡塔尔端的航空港主要有 5 个。其中"多哈国际机场"是卡塔尔航空的枢纽港，被 Skytrax 评为三星级机场。

5. 航运

伊朗主要港口有波斯湾地区的霍拉姆沙赫尔、布什尔、阿巴斯、霍梅尼、恰巴哈尔港和里海地区的安萨里、诺沙尔港。主要船运公司有 4 家，分别是伊朗伊斯兰共和国船运公司、伊朗—印度船运公司、瓦尔法加尔船运公司和里海船运公司；拥有轮船 112 艘，货物运输能力 3069 万吨，旅客运输能力 263 万人次。此外，伊朗是中东和波斯湾地区最大的油轮拥有国，有 20 万吨级以上油轮 26 艘，油轮总吨位超过 450 万吨。哈尔克岛是伊朗最大的原油输出港。

伊拉克水道里程 5279 千米，主要有底格里斯河、幼发拉底河和夏台阿拉伯河及人工运河（萨达姆河）等部分水道。主要港口有乌姆盖斯尔港和贝克尔港。阿塞拜疆内河航道总长 500 千米，主要港口为巴库。2002 年货运量为 1140 万吨，客运量为 1.4 万人次。

叙利亚主要有拉塔基亚港、塔尔图斯港和巴尼亚斯港3个港口。其中塔尔图斯港位于叙利亚地中海南段，是叙利亚第二大商港和渔港，也是俄罗斯海军在前苏联地区以外唯一的军事基地。

沙特现有港口主要分布在红海沿岸和阿拉伯海湾沿岸，分别为：西海岸—吉达港、吉赞港、延布港；东海岸—达曼港、朱拜勒港、拉斯坦努拉港以及在建的扎瓦尔港。2014年沙特各大港口总吞吐量达到了1.5亿吨，其中进口货物0.67亿吨，出口货物0.87亿吨，占据了沙特进出口总额的95%。集装箱每年装卸总量200万标箱，每年到访沙特港口的船舶也达到1200艘/次。

第六节 东 欧

东欧在地理上一般为德国—奥地利—意大利以东至亚欧洲际分界线的区域，包括爱沙尼亚、拉脱维亚、立陶宛、白俄罗斯、俄罗斯、乌克兰、摩尔多瓦7个国家。另外塞尔维亚、克罗地亚、斯洛文尼亚、波黑、黑山、马其顿和阿尔巴尼亚有时也被视为东欧国家。

1. 东欧交通概述

东欧国家的交通线路十分发达。公路、铁路交错繁杂且各国之间联通良好，只有个别国家的设施较为老旧，但总体水平较高。航空线路发达，且与中国的联通程度在逐年增加。航运港口设施也较为发达。同时，阿尔巴尼亚、波黑、保加利亚、克罗地亚、捷克、爱沙尼亚、匈牙利、拉脱维亚、立陶宛、马其顿、黑山、波兰、罗马尼亚、塞尔维亚、斯洛伐克、斯洛文尼亚、希腊等国参与的中国—中东欧国家合作（简称"17＋1合作"），进一步推动了中国和中东欧国家互联互通合作，促进了中欧全面战略伙伴关系的全方位、均衡发展，同时也有利于"一带一路"建设的顺利推进。

2. 公路

俄罗斯公路网总里程165.9万千米（截至2016年底）。俄罗斯公路主要位于欧洲部分，共有25条与芬兰、乌克兰、白俄罗斯、立陶宛等欧洲国家公路相连。此外，仅有少数几条与哈萨克斯坦、中国等亚洲国家相连。

白俄罗斯公路网全长10.1万千米。白俄罗斯境内有5条欧洲国际公路，全长1841千米，其中有两条最为重要：一条为E30公路（欧洲2号交通走廊，白俄罗斯境内称为M1公路），连接爱尔兰、英国、荷兰、德国、波兰、白俄罗斯、俄罗斯等7个国家；另一条为E95公路（欧洲9号交通走廊，白俄罗斯境内称为M8公路），连接芬兰、俄罗斯、立陶宛、白俄罗斯、乌克兰、摩尔多瓦、罗马尼亚、保加利亚、希腊等9个国家。

爱沙尼亚公路总里程1.6万千米，承担90%以上的客运。爱沙尼亚公路网络的3条主干线为：塔林—纳尔瓦，塔林—塔尔图，塔林—帕尔努。分别与拉脱维亚和俄罗斯相连。2017年公路客运总量1.9795亿人次，其中国际客运量130万人次；货运总量3680万吨，其中国际货物运输量1030万吨；货物运输周转量65亿吨千米，其中国际货物运输周转量51亿吨千米。

立陶宛拥有发达的公路网，将其同欧洲等国连成一体。截至2016年底，立陶宛境内公路总里程为84495千米。2018年全年公路货运量5942.7万吨；客运量4.68亿人次（含公共汽车及无轨电车）。共有6条欧洲级公路经过立陶宛，分别是E67号公路、E28公路、E77公路、E85公路、E262号公路和E272号公路。

拉脱维亚国家级公路线总长20124千米。从拉脱维亚乘国际巴士可前往莫斯科、圣彼得堡、华沙、明斯克、塔林、维尔纽斯等地。2017年，拉脱维亚公路货运量6801万吨，增长7.3%。

乌克兰公路里程为16.9万千米，其中，2.1万千米为国家级公路，14.8万千米为地方级公路。此外，乌克兰共有23条国际公路，总长度

8093.9千米。乌克兰是连接欧亚的重要交通枢纽，与周边国家俄罗斯、白俄罗斯、波兰、匈牙利、罗马尼亚、摩尔多瓦都有国际公路连接。乌克兰一直是欧洲道路安全状况最差的国家之一，全国主要公路路面破损率约为55%，全国12%的交通事故是由路面损坏直接导致的。

3. 铁路

匈塞铁路项目是中国—中东欧合作的标志性项目。匈塞铁路自匈牙利首都布达佩斯至塞尔维亚首都贝尔格莱德，全长350千米，其中匈牙利境内166千米，塞尔维亚境内184千米。匈塞铁路建成通车后，两地之间的运行时间将从目前的8小时缩短至3小时以内。这是中国铁路进入欧盟市场的第一个项目，更是"中欧陆海快线"的重要连接部分，为中国与欧洲的货物进出口铺平道路。项目启动标志着中、匈、塞合作迈出重要步伐，表明中国同中东欧国家务实合作站在了新的历史起点上。

西伯利亚大铁路是横贯俄罗斯东西的铁路干线，总长9332千米，是世界上最长的铁路，修建于1904年7月13日，历时13年才完工。它穿越乌拉尔山脉，在西伯利亚的针叶林上延伸，几乎跨越了地球周长1/4的里程，并将俄罗斯的欧洲部分、西伯利亚、远东地区连接起来。其中欧洲部分约占19.1%，亚洲部分约占80.9%，共跨越8个时区、3个地区、14个省份。西伯利亚大铁路曾经被称为俄罗斯的"脊柱"、连接欧亚文明的纽带，对俄罗斯乃至欧亚两大洲的经济、文化交流产生过举足轻重的影响。主要运输煤炭、木材、矿石、建材、金属及粮食等，对推进"一带一路"沿线交通发展具有重要经济和战略意义。

欧亚大陆桥是将欧洲与亚洲两侧海上运输线联结起来的便捷运输铁路线。现有3条已运行，两条规划中。大陆桥便于开展海陆联运，缩短运输里程。第一欧亚大陆桥是世界第一条连接欧洲、亚洲的大陆桥，贯通亚洲北部，共经过俄罗斯、中国（支线段）、哈萨克斯坦、白俄罗斯、波兰、德国、荷兰7个国家，全长13000千米左右。第三亚欧大陆桥运行路径从重庆始发，经达州、兰州、乌鲁木齐，向西过北疆铁路到达我国边境阿拉山口，进入哈萨克斯坦，再转俄罗斯、白俄罗斯、波兰，至德国的杜伊斯堡，全程11179千米。

新亚欧大陆桥，又名"第二亚欧大陆桥"，是"一带一路"倡议建设的六大经济合作走廊之一。新亚欧大陆桥东启中国连云港，经由中亚和中东欧，西到荷兰鹿特丹，途径波兰、塞尔维亚等中东欧国家，全长10900千米，辐射世界30多个国家和地区。新亚欧大陆桥的发展，为沿桥国家和亚欧两大洲经济贸易交流提供了一条便捷的大通道，对于促进陆桥经济走廊的形成，扩大亚太地区与欧洲的经贸合作，促进亚欧经济的发展与繁荣，推动"一带一路"的实施，进而开创世界经济的新格局具有重要意义。

4. 航空

俄罗斯机场总数232个，其中国际机场71个，主要机场有莫斯科的谢列梅杰沃国际机场、伏努科沃1号国际机场、多莫杰多沃机场、圣彼得堡国际机场、下诺夫哥罗德机场、新西伯利亚机场、叶卡捷琳堡机场，哈巴罗夫斯克机场等。现有航空公司46家，其中年运力超过100万人次的大型航空公司11家。中国国际航空公司、南方航空公司、东方航空公司、海南航空公司和四川航空公司已分别开通至莫斯科、圣彼得堡、新西伯利亚、伊尔库茨克、符拉迪沃斯托克、克拉斯诺亚尔斯克等城市的直航班机，中俄航空交通顺畅。

白俄罗斯有7个国际机场：明斯克国家机场、明斯克1号机场、戈梅利机场、格罗德诺机场、布列斯特机场、莫吉廖夫机场和维捷布斯克机场。这些机场不仅担负着国内航线的运输，还有飞往各国的国际定期航班以及包机旅客航班。主要有3家航空公司：白俄罗斯航空，戈梅利航空机场以及航空运输出口航空公司。其中前两家企业主要从事客运航空运输，航空运输出口航空公司则在货运航空运输市场上占有主导地位。

乌克兰空运货运量10万吨，客运量750万人次。主要国际航空港有基辅鲍里斯波尔机场、利沃夫机场、敖德萨机场、辛菲罗波尔机场等。其中基辅鲍里斯波尔机场是乌克兰最大的机场。它提供了乌克兰约65%的航空客运量，每年提供超过800万人次。机场连接亚洲，欧洲和美洲的许多空中航线的交叉点，大约有50家国内和国外航空公司和机场通航，客运和货运有100多条定期航线。

爱沙尼亚领空航线总里程6278千米，拥有各类民用航空飞行器150个，主要航空公司为爱沙尼亚航空公司。2016年航空企业空运乘客67万人次，空运货物2.4万吨。2016年塔林机场营业额3340万欧元，同比增长14%，净利润350万欧元。

立陶宛航空运输便利，主要有4个国有国际机场，分别位于维尔纽斯、考纳斯、首莱、帕兰加。其中维尔纽斯国际机场，是立陶宛最大的民用机场。目前，立陶宛和中国之间还没有直达航线，从北京前往维尔纽斯可经由赫尔辛基、莫斯科、法兰克福、华沙中转。

2017年"一带一路"沿线国家中，国内机场直飞东欧的运力增速最快，同比增加25.3%，东欧运力增长主要来自俄罗斯的运力增长，2017年国内机场直飞俄罗斯运力同比增加33.2万座。

5. 航运

俄罗斯内河通航里程为10.2万千米。主要海港位于波罗的海、黑海、太平洋、巴伦支海、白海等，包括摩尔曼斯克、圣彼得堡、符拉迪沃斯托克、纳霍德卡、新罗西斯克等。其中，欧洲地区主要是伏尔加河，为俄罗斯与欧洲国家相连的最重要河运航道，莫斯科有"五海之港"的称号。远东地区最重要的河运航道是阿穆尔河（黑龙江），全线通航。

白俄罗斯内河运量约200万吨，它保证了长达约2000千米的国内水路客、货运输，通过10个河港，将旅客和货物运到沿河各居民点和货物加工点。这10个河港位于普里皮亚季河、第聂伯河、索日河、别列津纳河、涅曼河、西德维纳河流域。欧洲水系中的水路布格河—第聂伯布格运河—普里皮亚季河—第聂伯河—黑海出海口水系流经白俄罗斯，白俄罗斯沿着这条水路交通干线出口钾肥。

罗马尼亚国内主要港口有康斯坦察、加拉茨、苏利纳等，罗马尼亚的对外贸易以海运为主，而康斯坦察港是罗马尼亚的最大港口。主要出口石油化工产品、石油装备、拖拉机、卡车和农产品，输入机器设备和铁矿石、天然橡胶、焦炭、有色金属等工业原料。

爱沙尼亚港口货物吞吐量2016年达到3352.8万吨，其中货物运出量900万吨（不含过境运输），货物运入量550万吨；过境运输量2837万吨；客运量870万人次，与2015年基本持平。从具体港口看，位于波罗的海北端的塔林港港口吞吐量2011.8万吨。自从20世纪90年代初脱离苏联后，该港货物吞吐量每年均有提升。

拉脱维亚内河航线全长350千米。主要海港有里加、文茨皮尔斯和利耶帕亚。其中里加自由港是拉脱维亚最大港口，位于拉脱维亚中部沿海，道加瓦河口北岸，在里加湾的顶端，濒临波罗的海的东侧。它始建于1201年，18世纪成为大型海港，也是大型渔业中心。

第七节　南　　欧

南欧是欧洲南部的简称，范围包括伊比利亚半岛、亚平宁半岛及巴尔干半岛南部，有西班牙、葡萄牙、安道尔、意大利、希腊、马耳他、梵蒂冈、圣马力诺、斯洛文尼亚、克罗地亚、阿尔巴尼亚、罗马尼亚、保加利亚、塞尔维亚、黑山、马其顿和波斯尼亚和黑塞哥维那共17个国家，也因为大多南欧国家靠近地中海而称为地中海欧洲。面积约为166万多平方千米。南欧隔着地中海与亚、非两洲相望，自古以来与西亚及北非往来密切，同是重要的古文明起源地。对西方世界而言，南欧更孕育了古希腊、古罗马文化，确立了早期的基督教社会，为西方的思想及知识体系奠定了基础。

1. 南欧交通概述

全欧交通网络（Trans-European Transport Networks，简称 TEN-T），是欧洲联盟在公路、铁路、水路及航空等运输网络的一系列规划纲领。TEN-T 的设想是通过协调改善各主要公路、铁路、内河航道、机场、港口和交通管理系统，从而形成一体化及多式联运的长途、高速运输网络，于 1996 年 7 月经欧洲议会及欧洲理事会的决议采纳。欧盟对该网络的构建及发展主要发挥领导、协调、发布方针及拨款等作用。全欧交通网络执行委员会是由欧盟委员会在 2006 年 10 月特别为此而设立的，它负责这些项目的技术及财政管理。

2. 公路

西班牙公路网由高速公路、国家级干道、自治区公路、地方公路等组成，交通便利，开车可以到达西班牙任何一个地方。截至 2014 年，西班牙公路总长 16.6 万千米，高速公路里程超过 1.4 万千米，位居欧盟第一；高等级公路在全部公路中的比例达 5.9%，远超欧盟 1.2% 的平均水平。客运量 13.08 亿人次，货运车辆 530 万辆。

葡萄牙公路网由高速公路、主要公路、辅助公路、国道和地区公路组成。葡萄牙大陆部分公路总长为 13123 千米，其中 2737 千米是高速公路，占公路网总里程数的 1/5 以上。2009 年、2010 年公路货运量分别为 228.39 亿吨和 196.699 亿吨。

意大利国内运输主要依靠公路，其公路系统是欧洲最发达、最高效的公路系统之一，也是意大利交通系统中最令人满意的运输类别。意大利每平方千米面积公路密度位居欧洲第三，但总长度份额惊人地占据欧洲 44 国整个公路网总和的 16.2%。其中国家高速公路全长达 6600 千米，在欧盟排第四。

马耳他有 2254 千米的公路，从首都瓦莱塔出发的公共汽车线路遍布全国，路况良好。共有80条不同的线路连接马耳他各地，而在戈佐岛上另有15条不同的线路连接维多利亚中央枢纽与岛上各个区域。

欧洲国际公路网是指欧洲经济委员会20个国家签约建立的公路网。其主要干线公路分为南北向和东西向两部分，统一编号：南北向的公路自西向东编两位奇数号；东西向的公路自北向南编两位偶数号。欧洲国际公路网将欧洲内部国家联通起来，辅助了欧洲内部的一体化进程，同时有利于与"一带一路"倡议中中欧班列的建设联合起来，形成辐射范围更广，影响程度更深的贸易圈，二者相辅相成，互相促进。

3. 铁路

西班牙以陆路交通运输为主，铁路交通系统十分先进，在欧洲乃至世界都居于领先地位。截至2014年，铁路总里程13853千米，其中高速铁路里程2900千米，位居欧盟第一、世界第二。

葡萄牙国内铁路总长2843千米，其中2794千米为运营里程数，构成了葡萄牙大陆部分沿海的铁路通道。2010年，铁路运送1.53亿人次旅客，共41.11亿人/千米，货运量为929.55万吨。

意大利铁路网星罗棋布，共有火车站3500多个。铁路线路有很多隧道，其中与瑞士的森皮奥内隧道长19.8千米，是世界第一长铁路隧道。意大利铁路全长16356千米，与英国相当，排欧洲第三，占据欧洲铁路总长度10.7%的份额。此外，意大利也是世界发展高铁项目最早的国家之一。1992年已建成罗马与佛罗伦萨之间的高铁，2004年意大利高铁总长度达1525千米，完成国内高铁网络的建设。目前意大利与法国正在投入85亿欧元修建欧洲最大的跨国高铁，连接法国的里昂和意大利都灵，预计2023年完工。

4. 航空

西班牙飞机共有47个机场，班次194万架次，客运量和货运量分别为

2.09亿人次和6.07亿吨。全国有机场105个，主要机场有马德里巴拉哈斯机场、帕尔马—德马略卡机场和巴塞罗那机场。2016年，中国与西班牙两国新开通4条直航，2017年新增1条直航。马德里与北京、上海、杭州、成都和香港5个城市均有直飞航线。巴塞罗那与北京、上海也有直航，这些航线每周有近30个航班，与2015年相比增加4倍。连接西班牙和中国的航线构成了一个战略价值高的市场，对"一带一路"在欧洲的推进具有非凡的发展意义。

葡萄牙有15座机场，大陆部分主要国际机场在里斯本、波尔图和法罗等地，都位于沿海地区。大部分国际航空公司都有飞葡萄牙机场的航线，其中葡萄牙航空公司是本国的航空公司。2010年，共运送2890万人次旅客。运送的旅客中，78.8%属于国际旅行，国内旅行仅占21.2%，当年货运量为13.81万吨。

意大利由于地形狭长，跨越南北全境的旅行乘飞机最为方便。意大利米兰国际机场，是中欧地区最重要的航空交通枢纽，也是意大利北部最大的国际机场。中国直飞意大利的城市目前只有北京和上海，其他城市均须乘机中转。由中国直飞意大利的航空公司有：东方航空、南方航空、中国国航、国泰航空、港龙航空、俄罗斯航空、卡塔尔航空等。

罗马尼亚共有5个国际机场，已开辟连接首都和欧洲大多数国家的航线。首都布加勒斯特有两个机场：一个是亨利·科安达国际机场，主要提供国际航班服务；另一个是奥托佩尼机场，主要服务于国内航线。中罗两国尚无直航，须经维也纳、莫斯科、阿姆斯特丹、罗马、苏黎世、巴黎、法兰克福等欧洲城市转机。

马耳他有超过40条航线，与欧美、北非等地区的86个航空港有直飞航线。机场是卢阿国际机场，每年平均客运量为250万人次，货运量为1.7万吨。马耳他与中国无直达航班，可通过法兰克福、迪拜、巴黎、罗马、伦敦等城市转机，航班固定且准点率高。

5. 航运

西班牙水运客运量和货运量分别为 3020 万人次和 4.8 亿吨。主要港口有巴塞罗那港、阿尔赫西拉斯港、巴伦西亚港。巴塞罗那港是东海岸国际商港，也是西班牙第二大集装箱港口和地中海北岸航线的重要港口。港口濒临地中海，在利翁湾和圣豪尔赫湾之间。阿尔赫西拉斯港是西班牙第二大港，也是西班牙最大的集装箱港和最大的原油进口港。港口濒临直布罗阿尔赫西拉斯湾的西部，和直布罗陀有着同样的位置，是大西洋和地中海之间的交通要道。

葡萄牙内陆河运总里程 210 千米，水运主要为海运。主要港口有里斯本、阿威罗、锡图巴尔、锡奈什、丰沙尔（位于马德拉群岛）和蓬塔德尔加达（位于亚速尔群岛）。其中里斯本港位于葡萄牙西海岸特茹河入海口处，濒临大西洋东侧，是葡萄牙最大的港口，也是世界上最大的软木输出港。港口距机场约 7 千米，有铁路和内地相通，并与西班牙相连。

意大利水运系统发达，其中海运占主要地位，近 8000 千米漫长的海岸线上分布着 148 个大大小小的港口。全国港口年客流量高达 9000 万人次，年货物吞吐量为 463 亿吨；拥有 280 千米停泊船坞，55 万艘船只；意大利国内水运（运河和河道）不占优势，长度为 1500 千米。意大利主要港口有热那亚港、那不勒斯港、威尼斯港和蒂里亚斯特港。热那亚港是意大利最大的海港，位于意大利亚平宁半岛西北海岸的热那亚湾顶部，濒临利古里亚海的北侧。

希腊主要港口有比雷埃夫斯港与塞萨洛尼基港。比雷埃夫斯港是希腊最大的港口，位于希腊东南萨罗尼科斯湾，濒临爱琴海，除了货物吞吐量居于希腊首位外，该港还是欧洲最繁忙的客运港口之一。塞萨洛尼基港是希腊东海岸港口，是希腊第二大港口。该港位于爱琴海西北部塞尔迈湾内。

马耳他海上交通四通八达，十分便利，拥有世界上最好的天然港口，在马耳他注册船只共有 5830 艘，居欧洲第 1 位，世界第 7 位。岛的南部建有现代化自由港，是地中海沿岸的第三大港口，在欧洲排第 12 位。马耳他与欧洲许多国家有货运往来。

第八节　中　欧

中欧国家主要指波罗的海以南，阿尔卑斯山脉以北的欧洲中部地区，所包括的国家有波兰、捷克、斯洛伐克、匈牙利、德国、奥地利、瑞士、列支敦士登。中欧地区西部与荷兰、比利时、卢森堡、法国接壤，南部与意大利、克罗地亚、塞尔维亚、罗马尼亚交界，东部临乌克兰、白俄罗斯、立陶宛、俄罗斯，北接丹麦，纵长近 1300 千米，横宽也有 1000 千米余，面积 101 万多平方千米。中欧地区是世界上经济较发达地区之一，其中德国为欧洲第一大经济体，与中国在"一带一路"中联系紧密。

1. 中欧交通概述

我国"一带一路"倡议的终点是大西洋东岸，途径中东和欧洲，而 21 世纪海上丝绸之路更是途经欧洲最重要的海上交通路径地中海。中欧位于欧洲中部，是欧洲交通运输的重要组分。在"一带一路"建设的背景下，中欧采取一系列合作措施，交通体系和设施联通取得显著成效。

2. 公路

波兰公路总长 28 万千米；有 1938.9 万辆小轿车，324.2 万辆载重汽车；客运量 4.97 亿人次，货运量 14.93 亿吨。

捷克的公路总长 55588 千米，其中高速公路 657 千米。客运量总计 3.7 亿人次，货运量总计 3.5 亿吨。斯洛伐克公路总长 43368 千米，其中高速公路 419 千米。客运量总计 3.06 亿人次，货运量总计 4464 万吨。

匈牙利公路总里程为 3.17 万千米，路网密度在欧洲仅次于比利时、荷兰，几乎每一个城镇之间都有柏油公路连通。公路运输在匈牙利交通运输中占据主导地位。

德国的高速公路网总长度居世界第3位，并且部分高速公路路段无速度限制。奥地利全国各类公路总长约10.7万千米，其中高速公路和快速路2112千米。瑞士的公路总长71464千米，分国道、州道、镇道，其中国道1799千米，为公路交通主干；公路网四通八达，遍及全国，拥有目前世界上最长的公路隧道——圣哥达大隧道，总长16300米。

3. 铁路

波兰铁路总长20094千米，其中标准轨铁路19979千米（包括电气化铁路11920千米）；客运量2.73亿人次，货运量2.31亿吨。捷克的铁路运输能力很强，截至2012年，铁路总长9588千米，电气化铁路3060千米；客运量总计1.7亿人次，货运量总计8710万吨。

斯洛伐克铁路截至2014年，总长3631千米，其中复线1020千米，单向铁路2489千米，电气化铁路1586千米。客运量总计4753万人次，货运量总计4164万吨。

德国铁路网总长度约达48215千米，每日约有5万辆的载客与载货列车在行驶。地区铁路有区域特快铁路、区域铁路和城市铁路；远程铁路则有欧洲城际快车、城际快车和城际特快列车，都依照每日固定的时刻表行驶，行运的范围总长约达2000千米之长。高速铁路网由多中心构成，德国的高速铁路即城际特快列车由德国铁路营运，营运速度为时速300千米，联络德国各大城市及周边国家。

匈牙利铁路发展历史悠久，早在1846年就修建开通了第一条铁路。截至2013年年底，匈牙利铁路总里程达到7729千米，平均每百平方千米国土就有8.3千米铁路，路网密度在欧盟成员国中居第五位，仅次于卢森堡、捷克、比利时和德国。

奥地利全国铁路总长5702千米。2012年客运量2.629亿人次，同比增长7.7%，货运量约1.005亿吨。特殊的地理位置使奥地利成为贯穿东西南北欧洲的轨道交通枢纽。于2009年初开通的欧亚大路桥新线，只需2周多的时间即可由中国北方到达奥地利中部，为贸易提供新的便利。

瑞士的铁路总长5124千米，全部电气化，铁路密度居世界前列。大部分铁路属于20世纪初便归为国有的瑞士联邦铁路局（SBB），部分地区拥有一些私人窄轨铁路，州政府和地方当局往往是这些铁路公司的股东。2011年列车客运量达4.6亿人次，平均每个瑞士人每年乘火车出行41次。

中欧班列创造财富，带来实惠，架起了中国与欧洲、世界联系的桥梁，是"一带一路"的金名片。自2011年开通以来，中欧班列开行量一路增长，至2018年达6300列，到达欧洲15个国家的50个城市。也穿越欧亚腹地主要区域，连接起中欧间近百个城市，形成贯通欧亚大陆的国际贸易大动脉。得益于中欧班列，阿拉山口从戈壁风口变成了黄金通道，现在口岸通关时间由12小时压缩至6小时以内，运输时间由原来的25天缩短至13~14天。中欧班列借助"一带一路"的东风，已经打造成合作共享的国际品牌，成为促进经济发展的"先行官"（图2.8）。

图2.8 中欧班列

为构建连接欧洲强有力的经济纽带，打造"一带一路"建设高品质名片，中欧班列目前已开通中国至罗兹、纽伦堡、蒂尔堡、莫斯科、马拉、伊斯坦布尔、明斯克、斯莫根、阿拉木图、布拉格、托木斯克、塔什干、根特、米兰以及东盟国际海铁联运通道、"蓉欧＋"东盟国际铁路通道等16条国际班列线路，并率先以全口岸运行的强大优势全面构建起向西至欧洲腹地、向北至俄罗斯、向南至东盟的"Y"形国际物流通道。同时，通过在国内全面开通至上海、深圳、南宁等14个沿海、沿江、沿边枢纽节点城市的"五定班列"，更加筑牢国际铁路港的国际国内铁路枢纽核心地位。

4. 航空

波兰航空公司有飞机70架，同38个国家、91个城市有定期航班，国际航线131条，总长度19.6万千米；客运量717万人次，货运量4.1万吨；主要国际机场是华沙肖邦国际机场。华沙—奥肯切弗里德里克·肖邦机场是位于波兰首都华沙奥肯切区的国际机场，原名华沙—奥肯切国际机场，后为了纪念该国著名作曲家弗里德里克·肖邦而改今名，是该国最繁忙的机场。

捷克的主要国际机场有布拉格瓦茨拉夫·哈维尔国际机场、布拉格卢津机场、布尔诺土拉尼机场、奥斯特拉发莫斯诺夫机场和卡罗维伐利机场等。除此之外，捷克还有由不同机构运营的6个机场、58个用于国内公共运输的机场、5个非公用机场和15个用于救援的直升机机场。布拉格国际机场位于首都布拉格西北面，离市中心14千米，是捷克最大的民用机场，也是捷克航空公司的总部基地。机场每年旅客流量约1200万，是欧盟最繁忙的机场之一，在2005年和2007年被评为中欧和东欧最佳机场。

斯洛伐克机场分布在布拉迪斯拉发、科希策、皮耶什佳尼等地，客运量总计60.3万人次，货运量总计7.2万吨。其中，布拉迪斯拉发机场是斯洛伐克主要的国际机场，机场距离维也纳（奥地利）、布尔诺（捷克）和杰尔（匈牙利）均只有一个小时的车程，覆盖了4个国家的流域面积。

法兰克福机场及慕尼黑机场是德国最大的机场，两者皆为汉莎航空的枢纽机场，而柏林航空的枢纽机场设于柏林－泰格尔机场及杜塞尔多夫机场。德国其他重要机场还包括柏林－舍讷费尔德机场、汉堡机场、科隆波恩机场、莱比锡哈雷机场。

匈牙利有机场 43 个，其中国际机场 5 个。匈牙利最大的机场为布达佩斯李斯特·费伦茨国际机场，绝大部分国际航班在此起降。布达佩斯李斯特·费伦茨国际机场位于匈牙利首都布达佩斯，最初只提供飞往欧洲各地的国际航班，但是现今已开通飞往亚洲、中东和北美的航班。

奥地利的航空客运和货运在欧洲中部的实力相对较强，维也纳机场在西欧国家通往中东欧国家航线中排行第二，仅次于德国的法兰克福，同时也是中东欧地区有直达中国航线的两个国际机场之一。维也纳到周边国家主要城市均有直航航班。奥地利航空及中国国际航空公司也开通了北京到维也纳的航班。

瑞士的主要国际机场有苏黎世机场、巴塞尔机场和日内瓦机场。

过去十年，中欧航空市场取得快速增长。"一带一路"的推进给中欧航线网络的不断延伸带来了新的机遇，为航空国际化网络布局增添了动力。

5. 航运

波兰内河航运线总长 3659 千米，内河货运量 457.9 万吨，客运量 151.5 万人次。共有海运船只 110 艘，304.5 万载重吨；货运量 747.6 万吨，客运量 64.2 万人次；海运商港 6 个，货物吞吐量 5882.5 万吨，主要海港有革但斯克、格丁尼亚、什切青、希维诺乌西切等。

欧洲第二大河流多瑙河流经斯洛伐克，在斯洛伐克境内全长 172 千米，与匈牙利、奥地利界河长 149.5 千米。布拉迪斯拉发和科马尔诺是主要的水运港口，年货运量总计 150 万吨。

德国第一大及欧洲第二大港口为汉堡港，是"德国通向世界的门户"。汉堡港位于德国北部易北河下游的右岸，濒临黑尔戈兰湾内，是德国最大的港口，也是欧洲第二大集装箱港。在这个世界上最大的自由港中心，有世界上最大的仓储城，面积达 50 万平方千米。它位于欧洲共同体，欧洲自由贸易联盟和经互会这个欧洲市场的中心，这也使它成为欧洲最重要的中转海港。

截至2013年底,匈牙利水运航道里程约有1622千米,巷道主要在多瑙河和蒂萨河上。水运在匈牙利交通运输中起辅助作用,仅占货运总量和城际旅客运输量的3.26%和1%。

发源于德国的多瑙河有350千米流经奥地利境内,奥地利因此也成为这条国际河流的主要经营者之一,客货运都占一定比例。特别是夏季,多瑙河之游已成为奥地利旅游的主要项目之一。

瑞士的水路航线总长1230千米。共拥有33艘海运货轮,海运总吨位近80万吨。重要内河港口为巴塞尔。

中欧的海运航线主要依靠大西洋航线,共有4条。第一条是北美东海岸—加勒比航线,西北欧—加勒比航线多半出英吉利海峡后横渡北大西洋。它同北美东海岸各港出发的船舶一起,经莫纳向风海峡进入加勒比海。除了加勒比海沿岸各港外,还可经巴拿马运河到达美洲太平洋岸港口。第二条是北美东海岸—地中海,苏伊士运河—亚太航线。此航线属世界最繁忙的航段,它是北美、西北欧与亚太海湾地区间贸易往来的捷径。该航线一般途经亚速尔、马德拉群岛上的航站。第三条是地中海—南美东海岸航线。该航线一般经西非大西洋岛屿—加纳利、佛得角群岛上的航站。第四条是北美东海—好望角,远东航线。该航线一般是巨型油轮的航线。佛得角群岛、加拿利群岛是过往船只停靠的主要航站。

第九节 北　　非

北非即非洲大陆北部地区,习惯上为撒哈拉沙漠以北广大区域。面积837万平方千米。人口1.5亿(1991年),70%以上为阿拉伯人。北非包括埃及、利比亚、突尼斯、阿尔及利亚、摩洛哥、苏丹等。其中埃及、利比亚和苏丹又称东北非,突尼斯、阿尔及利亚和摩洛哥称西北非。北非的自然和人文特征与西亚地区相似,又和西亚地区统称为阿拉伯世界。

1. 北非交通概述

北非交通相比于"一带一路"其他沿线区域处于劣势地位。首先其公路发展受经济发展、政治因素与地理条件制约而稍显不足，其铁路发展也受到同样恶劣条件的限制。航空运输主要集中在个别主要国家，区域性不平衡十分明显。航海运输则倚靠地中海航线，是4种运输方式中较为优势的运输手段，但沿海国家与内陆国家之间的差异也较为明显。

2. 公路

埃及公路总长约49000千米。苏丹公路总长11900千米，其中4320千米铺有沥青。利比亚境内没有铁路，陆路交通主要以公路为主；公路网遍布全国主要城市，总长25535千米（1999年），其中高等级公路17985千米，农用路7550千米。突尼斯公路总长2万千米，陆路运输占其货运总量的50%，客运总量的90%。

阿尔及利亚公路总长约10.7万千米，是非洲密度最大的公路网。其中高速公路1566千米，国家级公路2.9万千米，省级公路2.4万千米，村镇级公路5.4万千米。

摩洛哥公路总长68550千米，其中一级公路15907千米，二级公路9367千米，三级公路39178千米。高速公路约1804千米。丹吉尔经马拉喀什到阿加迪尔全长1500千米的高速公路在2010年通车，从菲斯到乌及达的高速在2011年通车，完成摩洛哥高速公路的东西贯通。

2015年1月5日，由中铁十八局集团和保利科技有限公司联合承建的苏丹北达尔富尔州的乌姆卡达达至法希尔公路项目（简称乌法公路），顺利实现168公路全线主体贯通。苏丹也将其称为"西部救国公路"。该工程对于促进苏丹达尔富尔地区经济的发展，特别是对于苏丹政府消灭反政府武装、解决部落种族冲突、促进当地经济建设和社会发展具有非常重要的政治、安全和经济作用。同时体现了中国对"一带一路"沿线国家发展的帮助与支持。

横贯撒哈拉公路，位于阿尔及尔，阿尔及利亚到尼日利亚的拉各斯，全长 2800 英里（1 英里＝1609.3 米），横穿 3 个国家——阿尔及利亚、尼日尔和尼日利亚。整条公路穿过地球上最大的沙漠，大部分路上没有水源和汽油供应，多年的沙尘暴还掩盖了很多路段，容易迷路（图 2.9）。被称为"全球十大最险公路"。

图 2.9　横贯撒哈拉公路

3. 铁路

埃及铁路由 28 条线路组成，总长 10008 千米，共有 796 个客运站，日客运量 200 万人次。截至 2014 年 3 月，开罗共有两条地铁线路，总长 64 千米，共耗资 120 亿埃镑。

利比亚在第二次世界大战前是有铁路的，但战后该国的铁路被拆掉。如由邻近国家如突尼斯搭乘火车，则需要在到达边境时转乘的士等交通工具前往利比亚。

突尼斯铁路总长 2190 多千米，其中轨距 1 米的窄轨铁路占 1713 千米，余为轨距1.44米的铁路。国营铁路公司拥有机车136辆,货车皮5267节。

阿尔及利亚铁路集中在北部地区,总长4773千米,其中标准轨3683千米,复线345千米,电气化铁路386千米,窄轨1089千米。铁路全线有200余座车站,日客运能力约3.2万人次。苏丹铁路总长5978千米。

摩洛哥铁路总长2958千米,投入运营线路1907千米,其中复线370千米,50%线路实现电气化。另有765千米磷酸盐运输线。从丹吉尔到卡萨布兰卡的高速铁路正在建设中。

2018年11月15日,非洲首条高速铁路——摩洛哥"丹吉尔—卡萨布兰卡高铁"正式通车,摩穆罕默德六世国王和法国总统马克龙共同出席通车仪式。"丹吉尔—卡萨布兰卡高铁"全长350千米,其中,丹吉尔—盖尼特拉段长度220千米,通车后运行时速可达320千米,用时从原先的3小时15分钟缩短至47分钟。盖尼特拉—拉巴特—卡萨布兰卡段运行时速为180千米,丹吉尔至卡萨布兰卡全程用时可从原先的4小时45分钟缩短至2小时10分钟。"丹吉尔—卡萨布兰卡高铁"将继续向西南延伸,通过马拉喀什抵达阿加迪尔,实现地中海港口与大西洋港口的联通。

4. 航空

埃及有民航飞机55架。全国共有机场30个,其中国际机场11个。开罗国际机场位于埃及首都开罗市中心东北约15千米,是埃及航空的基地。2006年,该机场服务了10778097人次,成为开罗最繁忙、非洲第二繁忙的机场。2008年,埃及航空公司正式加入星空联盟。

利比亚拥有利比亚阿拉伯航空公司和非盟航空公司。国内各主要城市之间通航,旅行方便。外国多家航空公司在的黎波里和班加西设有办事处,如英航、法航、瑞航和意航等。利比亚拥有多条国际航线,可通达欧洲各主要城市、阿拉伯国家主要城市和非洲主要城市等。

突尼斯现有9个国际机场,年客运能力1355万人次,与欧洲、非洲和中东28个国家的48个城市开通了航线。2016年,突航运载旅客量从上年的274.37万人次上升至298.96万人次，同比增长9%。中国到突尼斯无直达航班、一般航线为乘法航经巴黎转机，乘阿联酋航空公司班机经迪拜转机、乘卡塔尔班机经多哈转机或乘土耳其航班经伊斯坦布尔转机。

阿尔及利亚全国有53个机场，其中29个投入商业运行，包括阿尔及尔、奥兰、安纳巴、君士坦丁等13个国际机场，每年起降飞机10万架次。现有2家国营航空公司和6家私营航空公司，已开通20个国家的50多条国际航线。阿尔及利亚开通有直通北京的航班，每周2次。

摩洛哥共有机场27个，其中国际机场11个，如卡萨布兰卡穆罕默德五世机场、拉巴特－萨累机场、阿加迪尔机场、丹吉尔机场等。摩王家航空公司有飞机33架，开通75条航线，可通往四大洲32个国家，总航线30多万千米。

空运在苏丹运输中占据重要地位，苏国内90%的运输系通过空运进行。全国共有民航机场63个，喀土穆、苏丹港、卡萨拉、朱巴、朱奈纳机场为国际机场。

5. 航运

埃及有7条国际海运航线，内河航线总长约3500千米。现有亚历山大、塞得港、杜米亚特、苏伊士等62个港口，年吞吐总量为800万集装箱，海港贸易量为1.01亿吨。苏伊士运河是沟通亚、非、欧的主要国际航道。通过大规模扩建，使过运河船只载重量达24万吨，可容纳第四代集装箱船通过。

突尼斯有30个港口，其中8个为大型商业港口，一个为石油转运港。有两支船队，总吨位22.4万吨。主要港口是突尼斯－古莱特、比塞大、布尔基巴、斯法克斯、加贝斯、苏斯、扎尔西斯、拉迪斯及斯基拉港等，2009年海运量为2630万吨，同比下降7.3%；客运总量72万人次，同比增长增长4.5%。

阿尔及利亚共有45个港口，其中渔港31座，多功能港11座，休闲港

1座，水利设施专用港2座。最大的港口是阿尔及尔港，有大小泊位37个。阿30%的货物、70%的集装箱通过阿尔及尔港装载。

摩洛哥拥有港口30个，其中11个为多功能港口，11个为运输、捕鱼用港口，2003年港口运输量6000万吨。主要港口有卡萨布兰卡、穆罕默迪耶、萨非、丹吉尔、阿加迪尔等，其中卡萨布兰卡港口最大，丹吉尔—地中海港正在建设中。

苏丹有远洋商船10艘，总吨位12.2万吨；内河航线总长5310千米，有轮船300多艘。苏丹港是苏丹的主要商港，年吞吐量800万吨，承担着90%的进出口运输任务。

北非并不算真正意义上的非洲航线，一般是把北非划分在地中海航线中。地中海西部通过直布罗陀海峡与大西洋相接，东部通过土耳其海峡（达达尼尔海峡和博斯普鲁斯海峡、马尔马拉海）和黑海相连。西端通过直布罗陀海峡与大西洋沟通，航道相对较浅，最窄处仅13千米；东北部以达达尼尔海峡—马尔马拉海—博斯普鲁斯海峡连接黑海。地中海航线在航运上一般被划分为地中海西部和地中海东部，也简称为地西线和地东线。北非一般依靠地中海东部航线。其主要港口有亚历山大（埃及）、达米埃塔（埃及）、塞得港（埃及）等。

第十节 东 非

东非为非洲东部地区，北起厄立特里亚，南迄鲁伍马河，东临印度洋，西至坦噶尼喀湖。通常包括苏丹、埃塞俄比亚、南苏丹、厄立特里亚、吉布提、索马里、肯尼亚、乌干达、卢旺达、布隆迪、坦桑尼亚和印度洋西部岛国塞舌尔、毛里求斯。面积370万平方千米，占非洲总面积的12%；人口1.04亿（1984年），约占全非总人口的20.1%，其中北部以闪含语系的埃塞俄比亚人、索马里人居多，南部以班图语系的黑种人为主。

1. 东非交通概述

东非交通在公路上发展主要依靠非洲横贯公路计划，仍处于发展阶段。而在铁路方面，随着"一带一路"的深入推进，中国对其有着较大的帮助。东非航空运输发展不足，但近年来情况在逐渐的改善中。海运运输主要依靠达累斯萨拉姆港口和蒙巴萨港口，相比陆路运输与航空运输处于较为优势的地位。中国在"一带一路"倡议中十分注重对第三世界国家的战略投资，以帮助其建立铁路来发展经济，因此东非的陆路交通发展情势较为明朗。

2. 公路

开罗—达卡高速公路是联合国非洲经济委员会（UNECA）、非洲开发银行（ADB）以及非洲联盟（AU）所推行"非洲横贯公路计划"中的1号路线，其中的黎波里和诺克少的路段是在阿拉伯马格里布联盟监督下完成的。此公路全长约8636千米，从开罗出发，经过北部非洲的地中海沿岸和西北非洲的大西洋沿岸，直至达喀尔结束。除了茅利塔尼亚到摩洛哥之间的边境路段尚未施工，以及从1994年开始，摩洛哥和阿尔及利亚因为接壤彼此的国界关闭而无法贯通外，大致上已经通车。

跨撒哈拉高速公路是一个跨国高速公路项目，改善和缓解了跨越撒哈拉沙漠现有的贸易路线边检手续。它从北非大西洋南部的地中海开始，经过阿尔及利亚的阿尔及尔到尼日利亚的拉各斯。北非是连接西非的重要节点，"一带一路"的相关物资经由跨撒哈拉高速公路可以运达整个非洲，又被叫做阿尔及尔—拉各斯公路或拉各斯—阿尔及尔公路。

的黎波里—开普敦高速公路是非洲横贯公路网3号公路，是由联合国非洲经济委员会（UNECA），非洲开发银行（ADB）、非洲联盟正在开发建设中的洲际公路。这条路线长度有10808千米，其中有较长一段未建设完毕。

开罗—开普敦高速公路是非洲横贯公路网 4 号公路，也是 UNECA、ADB、非洲联盟正在开发的洲际公路。这条路线的长度有 10228 千米。从开普敦建设公路前往开罗的第一次尝试是在 1924 年。

泛萨赫勒高速公路是一条跨国高速公路，改善了萨赫勒地区在西部的西非塞内加尔首都达喀尔和东部地区的乍得首都恩贾梅纳的公路路线。该高速公路又名恩贾梅纳-达喀尔公路，是非洲横贯公路网 5 号公路。它经过的 7 个国家和 5 个国家的首都，具有相似的气候环境、文化及贸易关系，它是西部非洲两个东西向的跨国公路之一，从内陆运行，大致平行于非洲西部沿海横贯高速公路，距离约 900 千米。

恩贾梅纳—吉布提高速公路是非洲横贯公路网的 6 号公路，由联合国非洲经济委员会、非洲开发银行以及非洲联盟开发，从萨赫勒地区连接到吉布提的吉布提国家海洋端口。

拉各斯—蒙巴萨高速公路（也被称为蒙巴萨—拉各斯高速公路）是非洲横贯公路中的 8 号公路，是西非和东非之间的主要公路路线。它有 6259 千米长，是连接达喀尔、拉各斯的高速公路，东西向距离最长有 10269 千米。

贝拉—洛比托高速公路是非洲横贯公路网的 9 号公路，也是正在开发中的洲际公路网。这条长 3523 千米的公路穿越安哥拉、刚果（金）、赞比亚、津巴布韦和莫桑比克中部。

3. 铁路

2017 年，蒙内铁路开通运营，内马铁路开工建设。肯尼亚迎来了铁路现代化的新篇章。

东非铁路，全称肯尼亚蒙巴萨—内罗毕铁路，是一条穿越东非地区的铁路，起始于肯尼亚港口城市蒙巴萨，途经肯尼亚首都内罗毕和基苏木，至乌干达的马拉巴。铁路设计全长为 2350 千米，其中 80% 的里程在肯尼亚境内，途经肯尼亚滨海省、裂谷省等 7 个省区。建成后主要承担东非地区茶叶、咖啡的出口运输，以及面粉、糖、机械产品的进口运输。东非铁路由中国路桥工程有限公司负责承建。

坦赞铁路是一条贯通东非和中南非的交通大干线，是东非交通动脉。它东起坦桑尼亚的达累斯萨拉姆，西迄赞比亚中部的卡皮里姆波希，全长1860.5千米。1970年10月动工兴建，1976年7月全线完成。沿线地形复杂，需跨越裂谷带，由中国、坦桑尼亚和赞比亚3国合作建成，为赞比亚、马拉维等内陆国家提供新的出海通道。坦赞铁路是迄今中国最大的援外成套项目之一，是中国土木工程集团有限公司的前身—"铁道部援外办公室"代表我国政府组织、设计及建造的工程。40多年来，坦赞铁路促进了坦赞两国经济发展和城乡物资交流。

4. 航空

坐落于肯尼亚内罗毕东南方向的恩姆巴卡西的乔莫·肯雅塔国际机场，距市中心15千米，地处建成区边缘，是肯尼亚航空公司的枢纽机场。蒙巴萨高速与机场毗邻，是机场和内罗毕之间的主要通道。建于20世纪60年代的老航站楼又被称为"恩姆巴卡西机场"，现用于货运和肯尼亚空军训练。

位于吉布提城的吉布提国际机场是军民两用机场。吉布提国际机场可起降大型客、货机，是前往东非主要国家和法国的中转站。吉布提国际机场主要经营至埃塞俄比亚、也门和索马里兰的几条航线。目前，英航和法航每周仅有一班航班从其首都飞往吉布提市。

乌干达最主要的国际机场是恩德培国际机场。该机场位于首府南部40千米处的恩德培，目前主要为该国首府坎帕拉服务，由一条机场高速连接首都和航站楼。

5. 航运

东非的交通运输线路分为中央走廊和北部走廊。中央走廊是指由达累斯萨拉姆市到坎帕拉的运输线路，货物的流散主要在达累斯萨拉姆港口。而北部走廊则是由坎帕拉到蒙巴萨，货物的流散主要在蒙巴萨港。东非航线最主要的港口有：吉布提、蒙巴萨、摩加迪沙、达雷斯萨拉姆、内罗毕等。

蒙巴萨港位于肯尼亚，是东非第一大港口、非洲第二大港，是肯尼亚对外贸易的战略性港口。该港拥有17条海运航线，可连接世界80多个港口。2014年2月，肯尼亚在蒙巴萨建立该国首个自由贸易区，以加强和提升东部、中部和南部非洲地区间的区域内贸易。2016年，肯尼亚又和乌干达携手发布了"北部经济走廊总体规划"，以蒙巴萨港为东部起点，通过公路、铁路、水路和管道等基础设施，连接乌干达、布隆迪、南苏丹、刚果（金）等国，为东非经济发展创造条件。

蒙巴萨港第19号泊位是由中国路桥工程有限责任公司承建，也是该港口20多年来完成的首个大型扩建项目，更是目前东非海岸港口中最深的泊位。该泊位为港口每年新增25万个标准集装箱装卸容量，可同时容纳三艘最大长度为250米的巴拿马型货轮，巩固了蒙巴萨港作为东非第一大港的地位。

巴加莫约港是坦桑尼亚著名港口，濒桑给巴尔海峡，近鲁伏河口。坦桑尼亚当局预计巴加莫约港的集装箱年吞吐能力将达到每年2000万箱，是达累斯萨拉姆港口吞吐量的25倍。中国企业在接管巴基斯坦战略港口——瓜达尔港后，国家主席习近平于2013年3月访问坦桑尼亚时签署了巴加莫约港综合开发项目合作备忘录。建成后，这个连接坦桑尼亚与中国、中东、欧洲市场的港口将拥有集散中心、开发区等一系列基础设施。获得巴加莫约港对中国有重大战略价值，因为来自中东和非洲的石油天然气商船可以通过巴加莫约港及瓜达尔港将货物通过铁路运输直接运抵中国，绕开马六甲海峡，打造中国的能源走廊。

第三章
"一带一路"地区交通高影响天气

　　交通运输是国民经济重要基础性行业,是现代社会的血脉,对促进经济发展、社会建设、改善民生等都具有十分重要的地位和作用。近年来,随着社会经济的飞速发展,对交通运输的要求越来越高,与此同时气候异常对交通运输的影响也越来越明显,由此造成的交通运输的损失也越来越大。据世界卫生组织预计,如果不立即采取有效行动,到2030年,交通事故将成为威胁人类的第五大"杀手"。

　　影响交通安全运营的各种因素中,天气气候条件是重要的因素,它影响着交通运输的各个环节。从线路的勘察设计、施工到投入运营,都需要考虑气候因素的影响;而气候异常对交通运输的能源利用、产品供给、旅游、区域经济发展以及人口流动等方面都有着间接的影响。此外,天气条件,特别是灾害性、高影响天气会导致交通运输的快速、高效、安全和准时性受到影响。恶劣的天气条件常导致高速公路封闭、火车误点甚至中断、飞机船舶航班取消或延后,甚至引发交通事故,扰乱了客运、货运秩序,增加了出行与物流成本，还会影响交通基础设施的建设和使用寿命。以道路交通为例，不利的天气条件会对道路状况（如降雨降雪天气会降低车辆和道路之间的附着力，尤其是路面结冰时）、司机视野（雾霾天气和沙尘天气降低能见度）、行车速度及对车辆本身产生影响（如大风天气下改变汽车的受力状态导致车辆侧翻等），还会对驾驶员心理上造成不良影响。

本章主要介绍"一带一路"地区的气候特点以及交通高影响天气情况及其对公路、铁路、航空和航运等交通运输的影响。

第一节 东 亚

1. 区域气候特点

东亚地处世界最大的洋——太平洋和最大的大陆——欧亚大陆之间，地形复杂，地势西高东低，起伏较大，大河多自西向东，流入太平洋。东缘临海，海岸线曲折，多岛屿和半岛，地形多为多平原、丘陵；西部远离海洋，地形多高原、山地。通常分为三级阶梯：第一级为青藏高原，该处海拔一般达4000米以上；第二级为一系列的盆地和高原；第三级为平原、丘陵和海岛。

东亚地区由于跨纬度较广，东西部距海洋远近的差异很大，加之地势高低不同，地形类型及山脉走向多样，从而东西部气候差异十分明显。东部沿海海陆热力性质差异大，为显著的季风气候，属温带落叶阔叶林气候和亚热带森林气候，是世界上最典型的亚热带、温带季风气候区，即东亚季风区。其气候特点表现为雨热同期，夏季炎热多雨，冬季寒冷干燥、温和少雨；降水的季节和年际变化大，夏秋季节常受台风侵袭。西部内陆（中国西部和蒙古）由于距离海洋遥远，海洋水汽难以到达，为干旱半干旱的温带大陆性气候，其降水量较少且年较差大。东亚西部地区（中国西南部和印度次大陆的北部地区）由于"世界屋脊"青藏高原的存在，形成独特的高山高原气候。

从东西部差异上看,由于受海陆位置的影响,东亚的气候特点为自东向西海洋性减弱、大陆性增强;气温年较差逐渐增大,沿海地区最热月出现在8月,最冷月出现在2月,内陆地区最热月出现在7月,最冷月出现在1月;降水量逐渐减少,季节分配不均。从南北差异来看,由于受纬度位置的影响,自南向北,年均气温逐渐降低,最冷月温度逐渐降低,气温年较差逐渐增大;雨季越来越短,降水量越来越少。

2. 气象灾害对交通的影响

东亚处亚洲季风活动区,季风年际变化很大,直接影响着东亚地区的气候异常。东亚冬季风是北半球冬季最为活跃的气候系统之一,它的系统成员包括西伯利亚高压、阿留申低压、东亚大槽、东亚急流以及东亚对流层低层的偏北风。东亚冬季气候与东亚冬季风活动存在直接的联系。当东亚冬季风偏强时,高纬地区的干冷空气向南爆发,因此东亚冬半年经常发生寒潮、冰冻、暴风雪等典型的高影响天气。除此之外,降雨及其引发的泥石流等地质灾害、雾(海雾)、霾、干旱、大风、沙尘暴,以及夏秋季节沿海地区的台风等气象灾害发生频率高,给东亚各国带来严重的经济损失。据统计,气象灾害每年给中国带来的损失平均高达国内生产总值的3%~6%。

(1) 旱涝灾害对交通的影响

在中国,东亚夏季风年际变异导致的旱涝灾害平均每年发生一次。北方以旱灾居多,南方则旱涝灾害均有发生,且常伴随着滑坡、泥石流等地质灾害的发生。降水和气温不仅在空间分布上严重不均匀,而且在时间变化上也严重不均匀。雨涝主要发生在夏季,但春、秋季甚至冬季也时有发生。

1963年海河流域暴雨洪水,导致京广、石德、石太铁路被洪水冲毁822处,行车中断2108小时,其中京广铁路27天不能通车;公路被淹没

6700千米,占7个专区县以上公路总数的84%,公路桥梁被冲毁112座,7个专区的公路交通几乎全部停顿。

1981年7月9日凌晨1时30分,四川大渡河南岸利子依达沟爆发特大泥石流(图3.1)。泥石流体冲毁了成昆铁路尼日车站北侧跨越利子依达沟口的利子依达大桥,并在几分钟内堵塞大渡河干流,大渡河断流4小时后泥石流大坝溃决。同日1时46分,由格里坪开往成都的422次直快列车满载着一千余名旅客,以40余千米的时速在桥位南侧奶奶包隧道口与泥石流遭遇,列车车头和前几节车千余名旅客,以40余千米的时速翻入大渡河。经事后统计,事故造成300余人死亡,146人受伤,成昆铁路瘫痪372小时,直接经济损失2000余万元,是世界铁路上迄今为止由泥石流灾害导致的最严重的列车事故。

图3.1 1981年因泥石流灾害导致的四川利子伊达大桥事故

(图片来源:《1981四川暴雨洪灾图片专辑》,四川科学技术出版社)

2005年8月12日,辽宁部分地区遭受强降水袭击,公路交通遭遇10年来最严重的水毁。全省共有53条公路发生水毁,其中11条国省级干线(包括沈抚高速公路)、42条县级公路被洪水冲断;黑大线清原至南杂木段的一座桥梁、6处桥头引道和9处路基被冲毁;铁长线南杂木大桥被洪水冲塌4孔,并有车辆和人员落水情况发生。

1998年6月30日京九铁路因暴雨冲毁路基造成行车中断,给旅客和货物运输造成严重影响。

由于降雨常导致路面湿滑,冬季降雨导致路面结冰,也对公路交通出行带来很大隐患。2006年9月14日,由于下雨,路面十分湿滑,在日本长野县阿智村中央高速公路一辆大卡车在高速公路上转弯时失控侧翻,横躺在车道上,紧跟其后的20辆卡车和轿车刹车不及,发生连环相撞事故。导致4人死亡,1人重伤,9人不同程度受伤(图3.2)。

图3.2　因降水路面湿滑导致的公路交通连环相撞事故

(2) 台风对交通的影响

在夏秋季节(每年6—9月),东亚东南沿海常常受到热带风暴或台风的侵袭,其带来狂风、暴雨和风暴潮对交通造成极大的不利影响。1954年,日本北海道,一条大型渡船被台风击沉,1000人死亡。2004年7月6日,台风"蒲公英"带来的豪雨灾情重创台湾岛内山区的交通,全岛123处公路塌方、路基流失及封桥,其中高雄县的六龟大桥严重下陷25厘米。2006年12月13—14日,西沙群岛受台风"尤特"正面袭击,1艘渔船沉没,船上16人获救,1人失踪,5艘渔船搁浅。

2018年9月4日,超强台风"飞燕"登陆日本,为25年来日本遭遇的最强台风,造成11人死亡、数百人受伤。受台风影响,日本国内航空企业取消超过700次国内和国际航班。4日,日本大阪关西国际机场连接机场与陆地的联络桥梁被强风吹来的大型油轮撞毁,导致机场与外界的道路交通运输通路中断,约3000名旅客和2000名工作人员被迫滞留机场一夜,700余名中国游客一度滞留大阪关西国际机场。此后,由于风暴潮,机场遭遇严重水淹,被迫关停,受灾机场跑道和航站楼在1周左右后才恢复使用。此外,区域的部分道路及铁路线关闭。

(3) 雪灾对交通的影响

除雪灾、寒害对公路交通造成影响外,降雪及其带来的低能见度,积雪、冰冻等也直接对铁路、航空、航运等带来严重的影响。此类灾害主要发生在冬春季,高发区位于内蒙古东部、青藏高原东部和新疆的北部,出现的频率可达到三年一遇。

1995年1月7—17日,连续10天的暴风雪使西藏自治区聂拉木县境内的平均积雪深度达2.5米,致使横穿聂拉木的中尼公路交通中断,70多辆汽车和200多位旅客被阻途中。

2007年3月4日,我国东北地区连续十多小时出现大到暴雪天气,长春、沈阳、大连等地机场由于降雪过大、能见度太差、跑道湿滑陆续关闭,全国各地进出上述机场的数百航班因此被延误或取消,旅客出行受阻。

2008年初(1月中、下旬),中国南方大部分地区发生了历史罕见的低温、雨雪、冰冻的极端灾害天气,3次暴风雪的连续袭击,导致部分地区的交通运输全面瘫痪(图3.3)。公路险情不断,造成高速车祸、堵车、车辆损坏等不同程度的影响,部分高速公路相继进入关闭状态,不少省市的高速公路全线封闭。高速铁路、民航受阻,旅客大量滞留,生活和生产物资运输中断。最多时21条国道近4万千米路段通行不畅,上万车辆和人员被困。2008年1月26日,广州火车站滞留旅客超过10万,27日达到15万,有超过5万多名旅客办理退票;28日这个数字已经逼近60万;1月30日的统计,整个广州地区的滞留旅客已经接近80万。

气象与交通 <<<

图 3.3 2008 年初，受冰雪影响，上万台车辆、四五万司乘人员滞留在京珠高速公路上
（图片来源：http://www.weather.com.cn/zt/kpzt/1233643_2.shtml）

2018 年 2 月 12—14 日，受上空强劲寒流影响，以日本海为中心的北部地区至西部地区出现持续暴雪和猛烈风吹雪天气，为 37 年以来最大强降雪；最大积雪厚度达到了 4.39 米，为有统计数据以来的 36 年中的最高值。交通受较大影响，多个航班延误、取消，高速公路进行临时管制；福井县各地公路累计有约 1500 辆车辆因积雪动弹不得。日本气象厅要求全日本的日本海沿岸地域要严重警戒猛烈风雪带来的影响。

（4）雾对交通的影响

雾是重要交通气象灾害之一，因突发性浓雾造成的重大交通事故，在媒体上多有报道，而且其具有局地性、突发性等特点，对道路交通、航空、海运等影响极大。

1980 年 11 月 19 日，一架波音 747-2B5B 客机从美国阿拉斯加州安克雷奇市飞往韩国汉城（现改称首尔）。在降落过程中，由于能见度低，飞机撞上机场边的拦水坝后坠落在 14 号跑道，机身严重解体并引发大火，造成 1 名地面人员、6 名机组成员和 8 名乘客遇难。

2005年9月4日6时30分,一场团雾致使京沈高速公路发生一起重大车辆追尾事故,近百辆车追尾相撞,34辆受损,5人死亡。

2006年3月28日,京珠高速公路湖南段,浓雾天气引发多起重大追尾事故,先后有50多辆车追尾相撞受损,造成2人死亡,31人受伤。

2006年10月3日,韩国西海岸高速公路,浓雾笼罩,长达7.3千米的西海大桥上能见度仅为100米,30余辆汽车发生追尾,造成至少11人死亡,50多人受伤;事故中,一辆油罐车发生爆炸,烧毁了20多辆汽车,8人当场死亡。

2006年11月30日,京沪高速山东段浓雾紧锁,连续发生15起追尾,其中一起事故14辆轿、货车连环相撞,交通中断5个多小时。

2007年3月11日,广州珠江口莲花山西航道上发生浓雾,江面能见度只有100米左右。"协航528"千吨级货船被2万吨多的出口货船"安平6"撞沉,船上8人落水及时获救,事件造成珠江航道阻塞。

(5)风灾对交通的影响

强风灾害对于交通有很大的影响。冬季大风与剧烈降温、暴雪相伴;春季大风引发沙尘暴和扬沙;夏季常伴有强降雨、雷电、冰雹甚至风暴潮。2007年8月12日晚,312国道吐鲁番三十里风区遭受平均10级大风袭击,300多辆车、1500多人被迫滞留风区,部分车辆玻璃被大风吹起碎石击碎。2005年8月17日,渤海海域突起10级大风,正在海湾中行驶的两艘货轮相继翻沉,34名船员全部获救,其中1名船员受重伤。2006年4月15日,T70次列车驶至新疆东部小草湖至红层之间时遭遇12级大风,沙尘暴把列车袭击得面目全非。

3. 小科普:交通致灾因子之降雨

降雨是影响交通最频繁的气象因素之一,会对公路、铁路、航运、航空交通造成不利的影响,其影响的程度和方式有所不同。

降雨对公路/铁路的基础设施会造成不同程度的损害,尤其是出现暴雨或短时间内降雨量较大时，可能会冲毁或淹没路基、路面、涵洞等，导致路面积水、诱发路面翻浆、开裂、塌陷和路基边坡滑塌，同时降雨对路基边坡的冲刷会形成雨沟、洞穴甚至路基掏空等灾害，严重威胁道路的使用寿命和行车安全。此外，会对道路交通产生一定的影响。

降雨的大小和能见度有着直接的关系，雨量越大能见度越低。不同雨量下的能见度差别相当大，当发生大暴雨时，能见度甚至降至100米以下。雨量较大时，路表面会产生一层水膜，当车辆继续高速行驶时就会发生滑水现象，车速越快，滑水现象越严重，车辆与路面的附着系数越低，车辆失去控制，从而造成严重的交通事故。在短时间内出现强降雨时，会迅速使能见度降低，影响驾驶员的可视距离，增加辨别道路标志标线或障碍物的难度。降水引起路面潮湿，对光线有反射作用，会造成驾驶员的视觉冲击和心理压力，导致行车速度减慢，道路交通能力降低。

降雨引发的地质灾害对公路和铁路的影响也不容小觑，例如泥石流、山体滑坡、崩塌等地质灾害往往是由降雨而诱发的，往往导致交通受阻或中断，危及出行安全，甚至造成人民生命和财产损失，也增大养护费用和治理费用，成为影响社会生活秩序、制约地区经济交流和经济发展的不利因素。

对航空来说，强降水影响起降跑道的能见度，或跑道积水降低摩擦系数，直接影响飞机的起降，延误航班，处理不当甚至会造成空难事故。在飞机飞行过程中，当传过发展强盛的积雨云时，由于云中有大量的过冷却水滴，会在机身上形成积冰，使发动机推力降低、浮力减少、阻力增大，是发生空难事故的原因之一。

对水上运输而言，降雨使能见度下降的效应是明显的，在低能见度中行驶的船舶容易造成碰撞。内河航运中，雨季货物装卸困难，降低了船舶利用周期；雨天甲板湿滑，易出现落水事故。强降水还会使河水突涨，改变水流速度和方向，致使船舶操作失灵，引发事故或航行困难，甚至造成断航及船只走锚。

第二节 东 南 亚

1. 区域气候特点

东南亚位于亚洲东南部,跨南北半球,地处亚洲与大洋洲、太平洋与印度洋之间的"十字路口",是亚洲纬度最低的地区,是亚洲的赤道部分。包括中南半岛和马来群岛两大部分。中南半岛因位于中国以南而得名,地势北高南低,山脉、大河多由北向南延伸,具有山河相间、纵列分布的特点;马来群岛,也称"南洋群岛",在中南半岛的东南方,共有两万多个岛屿,是世界最大的岛屿。

东南亚绝大部分位于热带,具有赤道多雨气候和热带季风气候两种类型,自然植被以热带雨林和热带季风林为主。中南半岛大部分地区为热带季风气候,一年中有旱季和雨季之分,其北部有小面积的高山高原气候。马来群岛的大部分地区属热带雨林气候,终年高温多雨,分布着茂密的热带雨林。这两种气候都具有全年高温、降水丰沛的特征。位于马来半岛和苏门答腊岛之间的马六甲海峡,地处赤道附近,为典型热带气候。长夏无冬,气温年较差和日较差小;气压的日变化、月变化幅度很小,偶尔受到热带气旋的影响;湿度较高;全年晴天少,阴雨多且降水量大,雷暴频繁。该区域盛行季风和信风,风力较弱,平均风速为4.5米/秒,以北风为主,其次为东北风。海峡的大风较少,海上6级以上大风全年仅为3%,多在1月,8级以上大风很少见。

2. 气象灾害对交通的影响

东南亚地区是受到海洋影响最大的地区之一,常见的交通高影响天气有暴雨、雷暴、台风、海上大风、低能见度等气象灾害及滑坡、泥石流、洪涝等次生灾害,主要对航运产生影响。

在全球气候变暖的大背景下,热带气旋是危及海上交通运输和航行安全的主要因子,在其发生期间往往伴随狂风、暴雨、巨浪和风暴潮,特别是在航道狭窄、岛礁密布的地带,巨浪、风暴潮淹没岛礁,降低能见度,不仅严重影响船舶的航行性能,还对船舶在沿海港区水域中的通航造成潜在危险。东南亚的菲律宾属于群岛国家,有7100个岛屿,地理位置跨越太平洋台风带。该国货运和客运的80%要依靠海运,经常遭遇热带风暴,事故频繁发生。据统计,1996—2000年菲律宾就发生了812起海难事故,使得1152名乘客和船员丧生。这意味着菲律宾海域平均每2天就发生一次航运事故。如2006年台风"桑美",风力特别强、降雨强度大、强风持续时间长、降雨时间集中,给海上航行的船只带来了毁灭性的破坏,共计造成400多人死亡和巨大的经济损失。2008年6月21日,载有862人的菲律宾"群星公主"号渡轮遭遇台风"风神",于21日在菲中部朗布隆省附近海域倾覆,仅50多人生还。

虽然台风一般不会直接影响马六甲海峡,但在每年7—10月,强热带风暴间或会向西移动穿过泰国湾和克拉地峡到达马六甲海峡的北部,导致该地区年平均降水量很大,全年降水量为1938.6毫米,最多的10月为243.5毫米,最少的2月为69.9毫米。降水量大的主要原因在于阵雨和雷暴多,这里是世界上雷暴发生最多的地区,全年雷暴日有173.4天,最多的10月有20.1天,最少的1月和2月均有4.4天。

强降雨也是东南亚地区主要的交通高影响天气之一。2007年4月21日,大雨导致印尼加鲁特一列火车出轨,造成70多人受伤。此外,对航空造成的不利影响也极大。2004年12月2日,印尼一架飞机起飞后遭遇大雨和雷电等恶劣天气,在梭罗机场降落时失去控制滑出跑道,撞毁机场的栏杆和护网冲入100码(1码=0.91米)以外的公墓,飞机撞成两截,死伤106人。2007年9月16日下午,泰国一架载有130人的麦道-82型客机在南部旅游胜地普吉岛机场降落,机场附近正遭遇暴雨,客机降落时滑出跑道,与机场附近建筑及树木发生碰撞,客机因外力作用断成两截并最终爆炸起火，造成机毁人亡。

据对马六甲和新加坡海峡航行安全状况的调查情况看，能见度不良对海峡航行安全有较大影响。在造成能见度不良的因素中，约80％的被调查海员认为短时雷雨大风和雷雨时能见度的骤降对航行安全影响较大。海峡主要是辐射雾，形成在黎明前，陆地尤其在沼泽地、河谷区，通常在日出后都会消散。霾多在6—11月，8—10月浓度最大。但是近年来，能见度由于频繁发生的霾而影响。1992年的一场浓雾使能见度降低至不到1千米。此外，当马六甲海峡受西南季风影响时，常常会使印尼发生森林大火，有些印尼土著部落又有烧森林进行火耕的传统，造成马六甲海峡常出现烟雾，能见度低，有时候能见度只剩下200米，影响航行安全。1999年9月，由于持续干旱，印尼发生森林火灾，烟雾污染严重，导致印尼、马来西亚、新加坡三国一些机场的航班因能见度低多次取消或延误；马六甲海峡航运受阻，陆上交通受影响。

海上大风灾害，南海大部尤其是台湾海峡和巴士海峡附近发生大风（浪）风险较高。2006年12月30日凌晨，印尼一艘跨海渡轮在爪哇岛和加里曼丹岛之间的海域遭遇风暴沉没，船上有乘客和船员共计605人，仅2人获救。2009年1月11日，因遭遇暴风雨，一艘载有大约250名乘客和17名船员的印尼渡轮在航行中沉没，只有22人获救。

3. 小科普：交通致灾因子之雾（海雾）

雾对交通的影响主要表现为能见度的下降。雾天下行车，能见度降低，驾驶视野不清，驾驶员对道路交通标志辨别效果差，不利于对前方和道路环境做出准确的观察和判断，从而影响交通安全，极易引发追尾等交通事故。雾滴与积灰混合，也会导致轮胎与路面的附着系数减小，特别是冬季，雾会在路面形成一层薄冰，使车的抗侧滑能力、制动能力大大降低，导致车辆容易出现行驶打滑、制动跑偏或制动距离延长等现象。直接影响公路的通行能力，一旦公路实施封闭措施，将会给地面道路带来很大的交通压力。

持续的雾和霾不仅影响空气质量,更对铁路安全运输构成影响。由于空气中含有大量污染物颗粒,颗粒含有多种重金属物质。飘浮在空中的粉尘颗粒积聚在电力机车的车顶高压器件上,很容易产生"污闪"现象,造成设备故障,给行车安全和铁路电网带来不利影响。严重的雾和霾直接导致多地机场的航班起降受到影响,班机延误使大部货物无法及时送达目的地,间接影响了进出口的经济环境。

海雾等海上交通高影响天气对于海上安全航行有着很大的威胁,严重影响船舶的航行性能,易引发海上交通事故。能见度直接影响到船舶交通安全,特别在低能见度时,船舶发生事故的可能性增大。能见度不良使驾驶员的视觉观察范围受到限制,带来其对周围的船舶动态判断困难,使操船决策的准确度降低,而且长时间的能见度不良会直接导致驾驶员疲劳,影响心理状态,可能导致判断失误、瞭望疏忽等不良现象的出现,因而极易引发海上事故,并多以碰撞事故为主。

狂风恶浪、强降水及大雾天气常伴随能见度急速下降,特别在海峡、狭窄航道、岛礁密布海域,复杂的下垫面条件有助于辐射雾的形成,大雾天气造成能见度变低,严重影响船舶按既定航线航行,易造成船舶相撞、触礁、搁浅等危害。能见度越低,安全威胁越大。

第三节 南 亚

1. 区域气候特点

南亚位于喜马拉雅山脉和印度洋之间,北靠喜马拉雅山脉,南临印度洋,西濒阿拉伯海,东濒孟加拉湾。从地形上看,南亚可分为3部分:北部为喜马拉雅山地,平均海拔超出6000米,气候、土壤和植被的垂直变化显著;中部为大平原(由印度河、恒河和布拉马普特拉河冲积而成),河网密布，灌溉渠众多，农业发达；南部为德干高原和东西两侧的海岸平原。高原与海岸平原之间为东高止山脉和西高止山脉。

南亚大部分地区位于赤道以北和北纬30°以南，除印度西北部和巴基斯坦南部属热带沙漠气候、马尔代夫群岛和斯里兰卡岛南部属热带雨林气候外，其他大部分地区（印度半岛、恒河平原、喜马拉雅山脉南麓）属热带季风气候。全年高温，各地降水量差异大。西南季风迎风坡是世界降水最多的地区之一（如印度的乞拉朋齐），西北部则降水稀少。根据季风的进退，南亚地区一年可分凉、热、雨三季。11月至次年2月为凉季（或称干季），盛行东北季风，天气晴朗、干燥、凉爽，气温日较差较大，西北部有一定的气旋雨，印度半岛东岸也有较多的降水；3—5月为热季，盛行东北季风，随着太阳直射点的北移，气温迅速增高，晴朗、干燥、炎热；6—10月为雨季，受东南信风越过赤道偏转而来的西南季风影响，高温、潮湿、降水丰沛，年降水的90%集中于雨季。雨季来临的时间，半岛西部最早，印度西北部最晚；10—11月为雨季末期，气温逐渐降低，北部一带的气压也逐渐增高，海陆间的气压梯度逐渐变弱，西南季风开始退缩，降水量随之减少，很快转入凉季。

2. 气象灾害对交通的影响

洪水对南亚地区的交通影响最大的气象灾害。每年的6—10月是南亚地区的季风雨季，雷电暴雨天气频发，大量降雨常常触发山洪、山体滑坡、泥石流等灾害。此外，南亚地区季风气候的形成，与海陆热力性质差异、气压带风带的季节性移动以及青藏高原的地形作用等有密切联系。由于西南季风很不稳定，其控制南亚地区的时间和强度变化是南亚雨量变率大的一个主要原因。会使得南亚地区降水量时间分配的不稳定，洪水、干旱、飓风灾害频繁。其区域内的印度是世界上气象灾害最严重的国家之一，国土的12%易发生洪灾，28%易受旱灾影响；8%易受暴风侵害。

2004年6月16日清晨6点，由印度西部城市孟买开往厄纳库拉姆的特快列车由于大雨造成路基损坏，8节车厢和火车头冲出轨道，至少造成25人死亡，50多人受伤。2005年10月29日凌晨，印度南部安得拉邦首府海德拉巴以南30千米处一座桥上的铁轨被连续3日的暴雨和洪水冲走，导致一列客运列车脱轨，造成惨重人员伤亡，死亡人数超过109人。2010年7月24—30日，巴勒斯坦遭遇洪灾，国土面积的至少1/5遭灾，严重破坏了交通基础设施，导致657千米国道和35座桥梁被毁。2015年11月至12月，受强烈季风雨影响，印度南部发生历史性的大洪灾。印度金奈城市变成一片汪洋，淹没市区的许多主要道路；陆上交通系统受影响，当地数十条铁路遭洪水淹没导致火车班次停驶；金奈机场被积水淹没而停运，所有航班取消，导致约有400名旅客被迫滞留在机场内（图3.4）。2017年7—8月，暴雨给印度北部、尼泊尔和孟加拉带来了灾难性的洪水，致使孟买公路交通陷入大范围停滞状态；许多村庄因为道路被淹交通断绝、航班延误。2019年7月，南亚地区持续强降雨，尼泊尔全国范围受灾，多条河流决堤、并发生山体滑坡或泥石流，10多条高速公路关闭，恶劣天气还导致救援直升机无法起飞；印度东北部的阿萨姆邦灾情最严重，当地道路和铁路被淹；由于上游来水量猛增，孟加拉国主要河流贾木纳河的水位超40年历史纪录，约2700千米公路被破坏。

图3.4　2015年12月1日，印度金奈机场被积水淹没

（图片来源：https：//www.sohu.com/a/46376049_115402）

2010年9月20日当地时间凌晨4点40分左右,由于天降大雨,能见度不佳,印度中央邦的希沃布(Shivpuri)地区一辆货运列车迎头撞上一辆在火车站停靠的城际特快列车,事故共造成22人死亡,50人受伤。

在全球气候变暖情况下,南亚由于纬度较低,致使其气温更高,极端天气如高温更多,飓风出现次数增多,强度更大,其带来的强降水、洪水以及引发的滑坡、塌方、泥石流等地质灾害对交通产生的影响也加大。印度是飓风多发区,每年有5~6个飓风袭击。如2014年10月12日,强气旋风暴"胡德胡德"在印度登陆,随后横扫安得拉邦、奥里萨邦的沿海地区。带来暴风骤雨,使得当地不少地区交通中断。

此外,寒流常伴随大风、雨雪和降温天气,会造成低能见度、地面结冰和路面积雪等气象灾害,对公路、铁路交通和海上作业安全带来较大的威胁。2003年1月,南亚的印度、尼泊尔、孟加拉三国遭受寒流袭击,寒流和大雾使得当地公路与铁路交通受到了严重影响。

3. 小科普:交通致灾因子之风

风对航空、航海、铁路和公路交通的运营都有很大的影响。在风力很强的情况下,应关闭机场和高速公路,特殊情况下,客运列车也要停运,以便防止大风引发交通事故。

达到一定级别的风力会对公路交通造成一定的威胁,风会使车辆的行驶阻力增大,容易在高速行驶的两车之间形成气体对流等干扰现象,影响车辆行驶的稳定性和车辆的易控性,易发生交通事故。如果风使车辆侧向或横向受力,则高速行驶的高架货车和大型客车容易发生车身倾斜,严重时甚至发生车辆颠覆事件,造成交通运行的安全隐患。

强风对民航飞机的起飞降落有较大影响,各种机型对在起飞、降落时所能接受的强风天气都有相应的标准,一旦风的强度超过相应的安全标准,飞机就无法起飞降落,造成航班延误。低空风切变和微下击暴流,能给飞行带来严重危害。风切变是指风的速度和方向突然改变,严重的低空风切变常发生在低空急流即狭长的强风区,对飞行安全威胁极大,可以损害飞机的结构,极易发生严重的坠落事件,特别是在起飞或着陆时,低空风切变是一个重要危险因素,被人们称为"无形杀手",可使飞机的空速和高度迅速变化,造成严重事故。大气中有不稳定气流的上下运动,飞行在这样的气流中,可造成飞行员操纵困难或暂时失去控制。此外,在晴朗的天空会出现晴空湍流,在低空这种湍流一般造成的颠簸不大,在高空往往强度很大,造成很大危险。在大飞机后面飞行的小飞机会因此而受到剧烈颠簸,飞机难以控制。因此,在飞行中,特别是在起飞或着陆时,应保持一定的飞行间距,否则易引起空难事故。

风是造成船舶浸水、倾覆、沉没等海难事故的突出原因,也是造成其他海难事故的不利因素。风力和风向对内河航运都有影响,当风力增大到6～7级时,容易出现沉船事故,如遇突发性的雷雨大风,更易发生恶性事故。在航线方向上,当风向侧吹时,风力≥5级时就会使船舱进水,容易导致翻船。航行中的船舶最怕受强横风的影响。对于航行安全性来说,强风容易使船舶偏航,尤其在水深较浅的区域很容易发生搁浅、触礁等事故。据程宏林、王才宝统计,在内河航运发生的重大和特大事故中,有38%的事故出现大风天气中。

第四节 中 亚

1. 区域气候特点

中亚地处亚欧大陆的结合部,深居内陆,距海较远。地势东高西低,地形以丘陵、平原为主,沙漠广布,多内流河、内流湖。在自然地理风貌上大致为南部荒漠、绿洲和山区,北部草原、平原和丘陵。该区域大部分为典型温带大陆性气候,冬冷夏热,气温年较差与日较差大,降水稀少且季节分布不均,降水变率很大。尤其是中亚的东南部地区,由于高山(天山、帕米尔高原)阻隔印度洋、太平洋的暖湿气流,为典型的温带沙漠、草原的大陆性气候。

中亚地区的突出气候特征表现在以下3个方面。第一,降水稀少且季节分配不均,极其干燥,汛期在春夏季气节。降水变量很大,一般年降水量在300毫米以下,咸海附近和土库曼斯坦的荒漠年降水量仅为75～100毫米,而山区年降水量为1000毫米,费尔干纳山西南坡甚至可达2000毫米,但山地中也有的雨量少于沙漠地区,如帕米尔的年降水量仅60毫米。第二,晴天多,太阳辐射强,温度高,空气极其干燥,蒸发旺盛。第三,冬冷夏热,气温年较差与日较差大。许多地方白天最高气温与夜晚最低气温之间可相差20～30 ℃。在帕米尔高原则有日温差40 ℃的记录。从哈萨克斯坦最北端到土库曼斯坦最南端,纵跨北纬57～35度,表现为寒温带经温带向亚热带的过渡,在盛夏7月,除山区外平均气温一般在26～32℃,而在1月,平均气温由北端的－20 ℃向南端的2 ℃过渡。

近年来,由于工业化和气候变化等原因,咸海的湖面水位下降、湖面积急剧减小。没有了咸海对当地气候的调节功能,周围气候变得更加恶劣,生态环境恶化。中亚地区降水逐年减少,造成持续干旱;夏天更短,平均气温逐年攀高;而冬天更长,愈加寒冷。

2. 气象灾害对交通的影响

中亚区域自然环境复杂、气候条件多变,多种自然灾害频频发生。主要的交通气象灾害有寒潮、低温冻害、旱涝(冬季降雪过多,春夏易出现融雪性洪水)、沙尘暴以及滑坡、泥石流等次生灾害。

洪水、滑坡、泥石流等为中亚地区最为严重的自然灾害之一。巨大的滑坡和崩塌体不仅直接形成灾害,有时甚至堵塞河流,形成危险性极大的暂时性湖泊,导致大规模泥石流和洪水灾害。哈萨克斯坦几乎所有山区都处在滑坡和崩塌威胁中,其国土总面积的13.5%均会受到洪水及滑坡、泥石流等自然灾害危害和影响。近一个世纪以来,哈萨克斯坦最大城市——

阿拉木图市发生多起灾害性泥石流，对市内交通造成极大的不利影响，尤其是公路交通阻断严重（图3.5）。

图3.5　2015年7月23日，哈萨克斯坦遭遇泥石流

（图片来源：http://finance.ifeng.com/a/20150724/13861045_0.shtml）

在冬春季节，咸海（中亚的哈萨克斯坦和乌兹别克斯坦交界处的咸水湖）周边地区沙尘暴频发，因沙尘中含有较多的盐尘，又被称为"白风暴"。其形成的自然原因为冬季气候干旱，地势平坦，缺乏植被保护，多大风天气；人为原因是由于过量灌溉导致土壤盐碱化，是表层土壤中含有盐分，入湖水量减少，湖泊缩小，湖底裸漏，富含盐分。从1980年代中期起，该地区每年要发生几十起"白风暴"，持续90天以上，对航运交通有极大的危害。乌兹别克斯坦与哈萨克斯坦间的航运完全停止，很多港口城市也因远离目前的咸海而失去港口的职能。

寒潮、低温冻害也是中亚地区交通高影响天气之一。2018年1月中旬，哈萨克斯坦北部地区遭遇强暴风雪袭击，位于阿斯塔纳的纳扎尔巴耶夫国际机场为确保航班安全，临时关闭，并数次延长关闭时间；城市周边地区公路交通全部瘫痪；恶劣天气导致数十起交通事故，造成多人受伤。仅11日一天，阿斯塔纳市出动了1400台清扫设备，累计清运积雪约35万立方米。2019年2月,哈萨克斯坦遭遇近7年来最冷的冬天,多地还伴有大雪、大风等天气。该国东部、中部和北部地区最低气温跌破-40℃;一向较为温暖的南部地区,气温也降至-30℃。在极寒天气下,落雪成冰,首都阿斯塔纳与周边城镇的路面冰层光滑如镜面,通勤公交暂停运营。

3. 小科普:交通致灾因子之冰冻雨雪

冬季,低温、降雨、降雪、雨夹雪等天气对道路交通的影响非常大,对公路、铁路交通和海上作业安全带来较大的威胁。

冰冻雨雪会对公路/铁路路基、路面及边坡造成一定的损坏,如沥青路面开裂、坑槽沉陷翻浆、面层松散、面层大量破损等;路基也会因冻融循环影响强度降低而出现沉陷、翻浆等道路病害,而应对冰冻雨雪的撒盐对路面也会造成损伤,致使道路交通受到影响。

冰冻雨雪发生时,道路会产生雪阻或路面结冰,随着气温的日变化,会造成雪融、结冰等反复过程,路面易产生"黑冰"现象(黑冰是一种很薄的,覆盖在道路上难以发现的冰层。由于其厚度很薄,道路本身的柏油颜色会从其中透射出来,造成本身冰面的被视度很低,与道路融为一体,极难被发现)。黑冰会让车辆失去控制,打滑、打转、刹车距离显著延长,是最危险的道路杀手之一。

降雪使道路的能见度降低,影响了驾驶员识认交通标志和前方行车的环境和速度;路面积雪或积冰使路面摩擦系数降低,严重影响了车辆的操作性能和制动性能,危及行车安全。冰雪天气下,路面附着系数为正常干燥路面附着系数的1/8~1/4。附着系数的降低使车辆制动距离增大,道路通行能力降低,极易导致事故发生。此外,雪盲现象,即雪后天晴时,路面上的积雪对阳光有强烈的反射作用,反射率高达90%,产生炫光,会使驾驶员产生眼睛不适,导致短暂的视力模糊,对交通行车安全有很大影响。

"飞机积冰"现象对飞机是非常危险的,会使飞机的空气动力学性能变坏,省力减小,阻力增大,影响飞机的安全性和操作性;旋翼和螺旋桨积冰，会造成飞机剧烈颤动；发动机进气道积冰，可能会损坏飞机。此外，机场积雪、积冰如不及时清除，将影响飞机起降甚至导致机场关闭，造成航班延误或取消。

对于水上交通，冰冻雨雪直接造成航行视程障碍，结冰使甲板打滑增加了船员落水事故。江河及海面的封冻、解冻和冰层的厚度也会影响航运。河流结冰，产生流动冰块，不仅使船体遭受损坏，而且冰流产生比水流更大的力量，使船舶航行或锚固产生困难。严重的结冰或浮冰甚至会使船舶被浮冰所困，难以动弹。每到年底、年初隆冬季节，河面的冰层会令航船行驶艰难；严重时港口全部封冻，对航运的经济造成一定的损失。

第五节　西　　亚

1. 区域气候特点

西亚位于亚、非、欧的交界地带，阿拉伯海、红海、地中海、黑海和里海（内陆湖）之间，故被称为"五海三洲之地"。地形以高原、山地为主，西亚东部为伊朗高原，往西有亚美尼亚火山高原和小亚细亚半岛的安纳托利亚高原；平原面积狭小，分布在高原之间，有中部的美索不达米亚平原（又称两河流域）；外力地貌以干旱风沙地貌为主，草原和沙漠广布。

西亚大部分地区处于北纬30度以南，西南部临干旱的北非，加之高原边缘有高大山系环绕，且经年受副热带高气压带和东北信风带交替控制，因此多属热带和亚热带沙漠气候。气候炎热干燥，夏季气温多在30 ℃以上，冬季的气温也在20 ℃以上。降水稀少，蒸发强烈，年降水量多在250毫米以下，降水较多地区一般也不超过500毫米，仅山地和地中海沿岸地带降水较丰富。此外，地中海和黑海沿岸地区属地中海气候，冬雨夏干。即冬季时受西风的影响，温和多雨；夏季受副热带高气压的影响，高温、干燥少雨。阿拉伯半岛等地降水稀少，是世界著名的干燥气候区。

2. 气象灾害对交通的影响

西亚区域主要的交通气象灾害有暴雨、雪灾、沙尘暴等，及由此引发的低能见度、洪灾、路面积雪、结冰等，对公路、铁路、航空、航运造成较大的不利影响。

2017年2月2日，阿富汗22个省接连遭遇大雪和极寒天气袭击，至少造成119人死亡，80多人受伤，导致200多所房屋损毁，也导致多起严重交通事故的发生。在阿富汗首都喀布尔，部分地区积雪厚度达到2.5米，造成多条高速公路封闭，车辆受困于高速公路上，喀布尔国际机场也关闭停航。

2010年1月25日凌晨，从黎巴嫩首都贝鲁特国际机场起飞的埃塞俄比亚航空公司航班的一架波音737客机，在起飞时遭遇雷电交加的暴风雨袭击坠入地中海。目击者称飞机坠海时起火燃烧，像一个"大火球"。

2018年5月6日，一场大暴雨席卷了土耳其首都安卡拉的马马克地区，并引发洪灾。据当地官员表示，这场强降雨突然袭来，气象台原本预计会下3个小时，结果只持续了9分钟，就在这短短的9分钟里，安卡拉马马克地区便洪涝成灾。洪水共造成6人受伤，160多辆汽车受损，25家商铺被淹。2018年5月21日，土耳其埃尔祖鲁姆的街道在暴雨后发生塌陷，汽车掉入洞中（图3.6）。

图3.6 2018年5月21日，土耳其埃尔祖鲁姆因暴雨引发洪灾
（图片来源：http://k.sina.com.cn/article_2748597475_a3d444e302000au9x.html）

2018年4月16日，伊朗中部古城亚兹德发生高达每小时102千米风速的沙尘暴（图3.7），快速淹没了市内的建筑物及街道（图3.8），能见度几乎为零，对交通造成不利影响。

图3.7　2018年4月16日，伊朗发生沙尘暴
（图片来源：http://news.163.com/photoview/00AO0001/2292859.html#p=DFLS2AOI00AO0001NOS）

图3.8　2018年4月16日沙尘暴将伊朗的城市淹没
（图片来源：http://news.163.com/photoview/00AO0001/2292859.html#p=DFLS2AOH00AO0001NOS）

海流也威胁着西亚地区的航运安全。土耳其海峡位于小亚细亚半岛西段，是连接黑海与地中海的唯一通道，故又称黑海海峡，是世界上交通最

为繁忙的水道之一。但其宽度在全世界 30 个重要海峡中最狭窄,加之气候影响,使它成为一个高危水道,大约每 100000 船中有 40 起事故,这个数字比世界上其他区域高。导致事故发生的主要原因除了高的交通密度、船长或者引航员的错误的判断等社会性、人为因素外,海流和频发的低能见度的影响也占重要比例。由于土耳其海峡独特的海洋结构,使得黑海和马尔马拉海海平面之间存在 25 厘米的落差以及存在两个呈相反方向的水流系统。当风从北部或东北部吹入海峡时,博斯普鲁斯海峡的水流速度可增到每小时 7~8 英里;当风从东南部吹来的时候,就会出现 Orkoz 逆流,使海峡上下游水位差进一步扩大,且海峡表面流的流向是"北向南"方向,在底层是相反的"南向北"方向,一般的过往船只很难控制。土耳其海峡底部沉积着数十艘船只,因此海峡有"地下沉船博物馆"的著称。2000 年 4 月 11 日,据统计,土耳其海峡在 1950—2000 年期间共发生 502 起海难事件,造成 130 人丧生。其中,385 起发生在博斯普鲁斯海峡,85 起发生在达达尼尔海峡,其余发生在马尔马拉海。

《土耳其海峡和马尔马拉海区域航行规则》中对通航时的海流和能见度情况均有规定:当表层主流超过 4 千牛,船速为 10 千牛或以下的大船、深吃水船和携带危险品的船舶即不能进入海峡,而必须等到流速为 4 千牛以下时才可进入;当表层主流流速超过 6 千牛,或当强大的南风引起较大的北流时,大船、深吃水船和携带危险品的船舶,无论其船速如何都不能进入海峡,而必须等到流速小于 6 千牛或强北流停止后,方可进入海峡。当海峡中任一段的能见度为 1.5 海里或更小的时候,雷达不能良好工作的船舶,不准进入海峡。当海峡中任一段的能见度为 0.5 海里(1 海里=1.852 千米)时,改为单向通航;当海峡中的任一段的能见度小于 0.5 海里,海峡中的通航会被关闭。

此外,西亚地区也会受到热带气旋的影响。2015 年 11 月 2 日,阿拉伯半岛地区极为罕见的超强热带气旋"查帕拉"登陆也门索科特拉岛,导致 26 人丧生,2000 多座房屋被毁,当地港口和 80% 的交通陷入瘫痪。10

日，气旋风暴"梅格"登陆也门，造成多人死伤，道路和桥梁严重损坏，(图3.9)。

图 3.9 热带气旋登陆也门索科特拉岛，影响当地交通
(图片来源：http://www.cma.gov.cn/2011xzt/20151104/20151202/index.html)

3. 小科普：交通致灾因子之海流

海流对通航安全的影响较大，通过对水线下船体产生水动力而影响船舶运动和控制，对船舶的影响通常比风大，尤其是对重载船而言。流速较大时，操船者极不易控制船舶，从而发生危险。狭水道，海流会加速逆流船的舷侧、船底与水流的相对速度，使岸壁效应更加明显，船舶间相互作用加大，易引起船舶下坐等现象；船舶顺流则会使冲程增加，停车后减速缓慢，通常情况下如不借助倒车或抛锚将不能阻止船舶随水流继续漂移。当船舶遇斜流或横流时，流速对船舶操纵产生的影响更为严重。流速越大，船舶首尾线与流向的夹角越大，则流压差越大，船舶向下流侧漂移的速度越快，船舶越难以控制。流的影响主要是流速和流向两个方面。

第六节 东 欧

1. 区域气候特点

东欧地区地貌比较单一,以东欧平原为主,地势平坦开阔。地形大致可以喀尔巴阡山为分界,分成南北两部分。北部的波兰和波罗的海三国平原广阔,为欧洲大平原的东段,地势由南向北倾斜,波状起伏;南部地形较为复杂,山地平原交错,只有在匈牙利东部和罗马尼亚南部才有面积较大的平原。高加索山位于里海和黑海之间,是欧亚的界山之一,山势高大、地形崎岖复杂,夹杂着高原、平原和低地。

东欧绝大部分属温带大陆性气候。春秋季较短,年温差大;夏季温暖多雨,水气主要由西风自北大西洋带入,年雨量约为500毫米;冬季严寒,部分地区长达6~8个月,降雪区域广泛。以罗马尼亚为例,该地区属典型的温带大陆性气候,年平均气温在10 ℃左右。春季短暂,却气候宜人;6—8月是夏季,平均温度22~24 ℃,最暖月温度自北向南见增,北部平原不足20 ℃,南部和东部低地是最热的地区,各国多超过20 ℃,最高温度可达38 ℃;秋天凉爽干燥;12月至次年3月是冬季,平均温度−3 ℃。年降雨量约为660毫米,春末和夏初为多雨季节,多洪涝灾害。但在东欧南部和高加索地区,因山脉阻挡俄罗斯酷寒气流南下,气候较暖,已有浓厚副热带气候特点。

2. 气象灾害对交通的影响

东欧区域多严寒天气,全区最冷月的气温皆低于零度以下,雪灾严重;夏季降雨集中,易引发洪水灾害;春季也多有洪涝灾害发生。

极度的严寒会常导致公路、铁路等交通设施的毁坏,造成极大的经济损失。2012年12月中旬,东欧多国遭遇强寒流,带来极端寒冷天气。12

月21日，俄罗斯首都莫斯科气温最低降至－22 ℃，道路积雪和结冰导致交通事故频发，仅市区就发生了近300起交通事故。12月9日和10日，罗马尼亚大部分地区两天连遭暴风雪，严重影响了交通。多地高速公路、国道的交通瘫痪或封闭，大量航班和列车车次延误或取消，人们工作和生活受到严重影响。当地至少29个村庄道路阻断，遭冰雪围困，与外界失去联系；西部的蒂米什县一辆运送临产孕妇的急救车被困8小时后才抵达医院。寒冷的天气使得不少停在室外的车辆的油箱盖被冻住，车主们加油前只能先用热水解冻，才能开盖加油。保加利亚、匈牙利等地区的很多高速公路因道路情况糟糕导致车辆行驶缓慢，部分路段的堵塞车辆长达10千米。

2016年1月16—17日，罗马尼亚大部分地区遭遇大风、降雪甚至暴风雪天气，许多地区积雪超过50厘米（图3.10）。仅布加勒斯特市区就有300多棵树木被大雪压断，100多辆汽车被落枝砸中受损。罗马尼亚全国高速公路多个路段及十多条国道和县道关闭，飞机、火车晚点，港口封航，一些乡镇电力供应中断，车辆被困在路上。

图3.10　2016年1月16—17日，罗马尼亚积雪导致火车晚点，图为工人进行除雪作业
（图片来源：http：//www.xinhuanet.com/world/2016—01/18/c_128639150_2.htm）

春末和夏初是罗马尼亚的多雨季节，特别是在罗马尼亚的中部、西部和北部地区。多瑙河下游1075千米流经罗马尼亚境内，其国土上蜿蜒流淌的大小数百条河川，多与多瑙河汇流，形成"百川汇多瑙"水系，为重要

的通航河道。河口区广阔三角洲地区为洪涝灾害多发区。1970年，罗马尼亚的奥尔特河、克里什河、穆列什河、索梅什河、锡雷特河、普鲁特河和多瑙河发生的洪水淹没了934千米的铁路，2843千米的道路和3547座桥梁。2005年7月13日，罗马尼亚遭遇了40年来最为严重的洪涝灾害。由于连降暴雨，全国31个县的469个乡镇受灾，洪水淹没了530千米长的国家级和乡镇级公路，800座桥梁被摧毁和损坏；东部地区的锡雷特河河水猛涨，将河上的几座公路桥和铁路桥冲垮，严重影响交通运输。2010年春季罗马尼亚发生较为严重的洪水，影响了全国37个省。东北部地区最为严重，共冲毁32条国家公路、88条省级公路和120条乡级公路。

此外，低能见度灾害也对东欧的交通安全造成影响。2006年1月13日，俄罗斯克拉斯诺达尔边疆区发生浓雾，能见度低，一列旅客列车和一辆小型巴士相撞，至少造成22人死亡，5人重伤。2006年5月4日，因能见度低和大雨恶劣天气，一架亚美尼亚客机在俄罗斯黑海沿岸坠毁，机上113人全部遇难。

3. 小科普：交通致灾因子之泥石流

泥石流常常具有暴发突然、来势凶猛、迅速的特点，并兼有崩塌、滑坡和洪水破坏的双重作用，其危害程度比单一的崩塌、滑坡和洪水的危害更为广泛和严重。泥石流可直接埋没车站，铁路、公路，摧毁路基、桥涵等设施，致使交通中断，还可引起正在运行的火车、汽车颠覆，造成重大的人身伤亡事故。有时泥石流汇入河道，引起河道大幅度变迁，间接毁坏公路、铁路及其他构筑物，甚至迫使道路改线，造成巨大的经济损失。

第七节　南　　欧

1. 区域气候特点

南欧地区地理位置优越，北依阿尔卑斯山脉，东濒黑海，南临地中海，西滨大西洋。其三大半岛的地质构造和地形比较复杂，山地高原占优势，平原面积狭小。巴尔干半岛上有迪纳拉山脉和品都山脉，中部有喀尔巴阡山系山脉，北部为多瑙河流域中下游平原；亚平宁半岛主轴为亚平宁山脉，北部为波河平原，意大利北部交界有阿尔卑斯山脉；伊比利亚半岛中部为梅塞塔高原，北部地区则有坎塔布连山脉、比利牛斯山脉等。

南欧大部分地区属典型地中海气候，半岛地区和岛屿地区更为典型。该区域大西洋气团占优势，降水较少，天气在欧洲地区最为炎热，南部1月平均气温为2~10 ℃，7月为23~26 ℃。冬季受温带气团控制，温和多雨；夏季受热带气团控制，炎热干燥。伊比利亚半岛和巴尔干半岛北部一些地区处亚热带和温带之间的过渡性气候，具有大陆性气候的特点，气压较低，气候较为潮湿。西班牙北部和西北部沿海属于海洋性温带气候，但西班牙、希腊等地夏季仍有超过38 ℃的天气。在意大利北部一带，冬季常有大雾笼罩，有时下雪。

阿尔卑斯山脉地区是南欧气温最低的地区，冬季经常阳光普照，多降雪，月均气温为-12~1 ℃，7月为4~20 ℃。具有有明显的垂直分布的特点，随着地势海拔的增高，气温逐渐的下降。在阿尔卑斯山麓的湖区地带，高山阻挡了来自北欧的寒流，加上湖水的温度调节作用，气候温和。

2. 气象灾害对交通的影响

南欧区域冬季多降水，因此也多洪涝灾害，对公路、桥梁、铁路、水运等都有极大的破坏力。虽然南欧总体的气候温和，但在近几年却频繁遭遇反常极端天气。欧盟委员会研究中心指出，在21世纪末，高温热浪、洪水、暴风雨和其他极端天气将对欧洲产生严重的影响，意大利、西班牙和葡萄牙等南欧国家将成为气象灾害的重灾区。这些灾害均会对该区域的交通运输产生不利的影响。

2010年2月23日，葡萄牙旅游胜地马德拉岛遭遇持续8个小时的大雨，给岛上带来一个月的雨量，从而引发洪水和泥石流，造成42人丧生，至少4

人下落不明,另有120多人受伤。岛上多条公路被石头、泥沙和洪水冲倒的大树堵住,洪水也冲毁了多条道路和桥梁。在科英布拉、波尔图、阿威罗、莱利亚和里斯本等地,由于洪水共发生2464起事故,树木及建筑物倒塌和土地塌陷。2010年12月4日,意大利受持续降雨影响,威尼斯被淹,大部分学校停课,"水城"的特色水上交通工具"贡多拉"也暂停运营。

2012年12月中旬,强烈寒潮席卷了欧洲大部分地区,巴尔干地区塞尔维亚、克罗地亚的降雪量达到了110厘米,是自1955年以来最严重的一次。低温和大雪造成多地交通和电力中断。2018年2月,一股被称作"东方野兽"的寒流席卷欧洲,即便是位于南欧的意大利也普降大雪(图3.11)。持续的低温和强降雪天气对交通和居民日常生活造成严重影响。欧洲多地航班都被迫取消,交通事故也频频发生。保加利亚、罗马尼亚、克罗地亚等地,低温已导致多个村庄停电,交通中断。

图 3.11 2018年2月,大雪席卷意大利

(图片来源:https://www.guancha.cn/global-news/2018_02_28_448348.shtml)

高温会导致强对流天气的多发,影响交通安全。2017年7月19日,西班牙北部遭巨型冰雹袭击,造成大范围的财产损失(图3.12)。此次冰雹过程持续了约45分钟,堵塞了街道,造成交通混乱;为减少交通事故,当地政府关闭了很多交通要道。此外,街道上停放的车辆也受影响,汽车的挡风玻璃被完全砸碎。

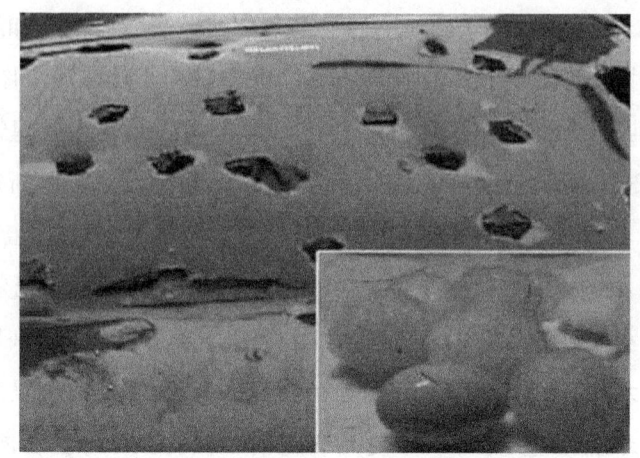

图 3.12　2017 年 7 月 19 日，西班牙遭遇冰雹，汽车被砸

（图片来源：http://spain.haiwainet.cn/n/2017/0720/c3541442-31029135.html）

此外，低能见度也会威胁南欧区域的交通安全。2005 年 1 月 7 日，意大利一列从北部维罗纳开往中部博洛尼亚的旅客列车与一列货运火车相撞，造成至少 14 人死亡，另有 40 多人受伤。事发时，出事地点笼罩着浓雾，能见度仅 50 米左右。

3. 小科普：交通致灾因子之冰雹

冰雹灾害是由强对流天气系统引起的一种剧烈的气象灾害。它出现的范围虽然较小，时间也比较短促，一般为数分钟，但来势猛强度大，并常常伴随着狂风、强降水、急剧降温等阵发性灾害性天气过程。

冰雹对交通的影响很大，冰雹从高空中坠落下来，有一定的体积和重量，会砸坏车的表面，油漆和玻璃。特大冰雹还会穿透玻璃，毁坏车辆。所以这种情况下最好不要驾车出行，若驾车遇到此情况，建议首先要降低车速，不要为了躲避冰雹而一味加速，因为冰雹本身质量和面积较大，与快速行驶时的车辆发生碰撞，会增加损害程度。如果附近没有地下停车库，则要将车辆停放到安全的地方，并快速转移到后座，因为前座挡风玻璃占据空间较大，如果遇到质量和体积较大的冰雹，可能会砸破玻璃从而伤害车内人员。要寻找合适的位置停车，不要停放在树荫下面，因为冰雹会加剧树枝的承载，当重量达到一定时，会连同树枝一同砸向车辆，造成更大损害。躲避冰雹雨的时候，应该打开双闪灯，如果天黑的时候，则应该也把示宽灯打开，提示后方车辆。

冰雹对航空和铁路也会产生影响。飞机在空中高速飞行，若进入冰雹区域，冰雹和飞机撞击会对飞机产生巨大的损伤，冰雹还容易掉进飞机发动机的进气道，严重损害发动机，可能造成飞机重要的动力系统和操纵系统损伤，严重的可能造成所有发动机停车，飞机失去控制，给飞机飞行酿成灾难。冰雹也是影响高速铁路运行的重要天气现象之一。冰雹尤其是直径较大的冰雹对高速铁路影响较大。大的冰雹会砸坏电网或信号设备，影响列车运行。

第八节 中 欧

1. 区域气候特点

中欧地区地形多样，自北到南呈阶梯型，分别为平原—丘陵山地—山系，运河众多，河网密布。北部为波德平原，是欧洲主要平原；其西部冰碛地貌不十分显著，为起伏和缓的低平原，由沿海向内陆大致可分为低地带、砂质平原带；东部地区冰碛地貌保存较好，由沿海向内陆大致可分为砂丘带、底碛平原带、终碛丘陵带、冰水平原带和黄土带。中欧中部以丘陵山地为主，多为河谷地；南部为阿尔卑斯山脉、喀尔巴阡山脉，但阿尔卑斯山脉的地壳至今还不稳定，地震频繁。近百万年以来，欧洲经历了几次大冰期，阿尔卑斯山区形成了很典型的冰川地形，许多山峰岩石嶙峋，角峰尖锐，山区还有很多深邃的冰川槽谷和冰碛湖。

中欧属温带气候带，总体气温适中，变幅不大。12月至次年3月为冬季，平均气温约0℃，山区约−10℃，1月最冷，气温−5~1℃，阿尔卑斯山区的冬季持续到 5 月；夏季为 6—8 月，平均气温约 20 ℃，7 月气温为 14～19 ℃。年降水量 500～1000 毫米，山地则更多。

中欧西部部分地区为温带海洋性气候，全年气压形势均为南高北低，刮偏西风，受大西洋气团影响很深；全年温和潮湿，冬季温和，夏季凉爽，无严寒酷暑，气温年较差小；四季降水较均匀，但雨日多，日照少。东部属温带大陆性湿润气候，具有由海洋性向大陆性过渡的性质。该区域全年主要受极地海洋气团控制，温度变化较大，冬季温和，夏季气温也不高，1 月平均气温为 0～4 ℃，少数地区可低至 −5℃，7 月平均气温为 18 ℃，少数地区可超 20 ℃。降水分布也较为均匀。但是冰洋气团和极地大陆气团也经常侵入，因此天气很不稳定。降水量受地形影响较大，平原地区一般为 500～600 毫米，夏季偏多。

2. 气象灾害对交通的影响

中欧地区总体气候温和，无严重影响的交通气象高影响天气。但近年来由于气候异常等原因，导致该地区暴雨、洪灾、严寒天气频发，给公路、铁路、航空、水运等交通运输业带来了极大的挑战。

2013 年 5 月下旬至 6 月上旬，中欧地区出现强度大、时间长、范围广的连续性暴雨天气，在历史上极为罕见，被称为"世纪洪水"。中欧区域平均降水量达 77.6 毫米，较常年同期偏多 1.2 倍，为近 34 年以来历史同期最多；多瑙河水位为 1954 年以来历史最高。位于德国与奥地利边境的"三江之城"帕绍受灾最为严重，虽然以往也经常遭受洪水袭击，但此次遭遇的大洪水为 500 年一遇，水位一度超过 12.5 米，是 1501 年以来的最高水位。在奥地利萨尔茨堡及周边地区，暴雨造成严重的泥石流和塌方。捷克首都布拉格市内公共交通限流，关闭市中地铁站关闭，连接首都和该国东部地区的主要铁路停运。

由于北大西洋暖流给大西洋沿岸的地区提供了暖湿的气流，通常中欧的冬天不那么寒冷。但因全球变暖使得北极冰川融化，北大西洋暖流的温度降低，导致中欧地区气温下降，严寒天气频发。2017年12月至2018年1月，欧洲中部气温低于－6℃，较以往偏低。瑞士的气温为欧洲最低，达到－38℃。意大利、捷克、波兰、罗马尼亚、塞尔维亚、保加利亚、克罗地亚、希腊、土耳其、拉脱维亚、俄罗斯等多国持续遭遇低温寒流和暴风雪袭击，部分地区积雪厚度超过2米，严重妨碍出行。由于气温过低，不少车主因发动机机油凝固、车载电瓶被冻等原因而无法用车。暴风雪还导致多个航班改道，轮渡延误，火车班次取消，公路路段封闭，旅客大量滞留，当地交通受到严重影响。2017年12月10日，德国法兰克福机场由于跑道积雪，约330班航班取消（图3.13和图3.14）；杜塞尔多夫机场也一度关闭4小时。北莱茵—威斯特伐利亚州部分火车延误甚至取消。

图3.13　2017年12月10日，德国法兰克福机场被积雪覆盖，铲雪车在铲除积雪

（图片来源：http：//baijiahao.baidu.com/s?id=1586548708810052806&wfr=spider&for=pc）

图3.14　2017年12月10日，德国法兰克福机场工作人员清理飞机上积雪

（图片来源：http：//baijiahao.baidu.com/s?id=1586548708810052806&wfr=spider&for=pc）

强对流天气,如冰雹也对中欧交通安全带来不利影响。2003 年 8 月,一架从日内瓦某机场起飞不久驶往英国的波音 737 客机,在瑞士日内瓦上空遭遇网球大小的冰雹袭击,飞机被打得体无完肤,机身出现多道裂缝,机上一些乘客也在机身剧烈的摇晃中被撞得鼻青脸肿。

3. 小科普:交通致灾因子之洪涝

洪涝灾害是指由于大雨、暴雨、持续降雨或冰雪融化以及水利工程失事等原因引起的江河湖泊水量迅猛增加,水位急剧上涨,水流冲出天然水道或人工堤坝所造成的灾害。洪涝灾害多发在沿河、沿湖、沿海地区。可分为河流洪水、湖泊洪水和风暴洪水等。其中河流洪水依照成因不同,又分为暴雨洪水、山洪、融雪洪水、冰凌洪水和溃坝洪水。影响最大、最常见的洪涝是河流洪水,尤其是流域内长时间暴雨造成河流水位居高不下而引发堤坝决口,对地区发展损害最大,甚至会造成大量人口死亡。

洪涝对道路交通的主要破坏形式有路基水毁、桥渡水毁、涵洞被毁和边坡失稳 4 个方面。

(1) 路基水毁

沿河路基常因洪水的冲刷而发生坍塌或遭到破坏。在水流很急的顺直河道沿河路基和河弯外侧的防护支挡结构地段,由于其基础埋深不够或无防护加固措施,导致半边路基甚至全部路基被冲毁,危及路面。有些路面设计标高不够,洪水漫溢路面致冲毁路基。紧靠山边的公路,暴雨时雨水从山坡汇流山沟,水流飞溅路面,轻则冲毁路面,重则冲毁路基。

(2) 桥渡水毁

桥梁若桥孔过小,排洪与排砂不畅,造成桥前大量积水,桥下严重冲刷,冲毁桥梁墩台,在含沙量较大的河流上,还会出现桥孔全部被泥沙淤塞的现象。桥墩若基础埋深不够会发生沉陷或倒塌;桥台因基础埋深不够易发生倾覆。桥孔被漂浮物堵塞,造成过高的桥前积水,使桥梁被推倒或冲走,或造成桥下河床的严重冲刷,使墩台下沉或倒塌。冰冻或冰凌堆积时，造成桥梁局部损坏或全部被毁。漂浮物撞击桥梁墩台，甚至冲毁整座桥梁，影响桥梁安全使用。

（3）涵洞被毁

涵洞易被泥石流或山洪中的漂流物淤塞，失去排水能力。山洪翻越公路，在山洪强大的破坏力作用下，涵洞下游边坡、护坡被冲毁，路基坍塌，甚至整个路基连同涵洞一起被冲走，中断交通。

（4）边坡失稳

路基上侧边坡没有支挡，发生洪灾时，路基上方山体在山洪作用下滑坡，滑体覆盖道路，中断交通；或者路基本身就位于滑坡体上，在山洪作用下，整个滑坡体滑移，引起公路断道。沿河路基对岸山坡出现塌方、滑坡或泥石流等，造成河道淤塞而改变水流方向，冲刷路基坡脚或防护结构，使路基边坡失稳、塌方。

洪水对航运安全的影响主要包括以下 4 个方面。

①洪水的影响使得河水的流量和流速变化很大，对航道的自然状况产生很大影响。如冲毁航道、破坏助航标志和设施，造成山体下滑或堤岸倒塌，堵塞航道，改变原有的水流态势，甚至使航道发生变迁，使得在航船舶找不到正确的航道，失去导航目标，造成航行困难。特别是在夜间航行时，由于航道的变化，又缺乏必要的助航设施和标志，使船舶航行失去安全保障，极易导致各种事故的发生。

②水势易变，流速湍急，给船舶作业带来较大困难。洪水期水位大幅上涨，礁石岸滩被淹，流速增大，使得船舶逆流航行航速减慢，顺流航行航速加快，当船舶顺流航行速度的变化跟不上流速的变化时，会导致船舶转向困难，甚至失控而发生事故。由于水流速度的加大，船舶的操纵性能受到较大的影响，使得下水船舶的舵效、旋回性能变差，由于水流的影响，船舶在作旋回运动时，船舶的旋回圈变成近似椭圆，顺流旋回圈的纵距比静水中要大，逆流则相反，此现象在洪水期更为明显，从而造成操纵困难。特别是在水流湍急、地形复杂的地段，船舶很容易失去控制，常常

导致碰撞、翻沉、搁浅、触礁、碰桥、碰坝等恶性事故，给航行安全带来极大隐患和威胁。

③洪水之后，由于洪水期洪水对部分航道的冲刷厉害，而对部分航道又造成严重的淤积，加上水位暴跌，如果不能及时地了解航道的这些变化，往往导致船舶在这些航段发生操纵失灵、打抢、搁浅等事故。

④洪水期船舶在急弯、浅滩、桥区等航段常出现的事故是对流压差估计不足所致。船舶逆流航行时，流速越大冲程减小越多，顺流时则相反。洪水期这一现象更加显著，若对船舶冲程的改变估计不足，就给停车避让、靠码头等操作带来很大的隐患，稍有不慎就会导致事故的发生。

第九节　北　非

1. 区域气候特点

北非位于非洲高原大陆的北部，北隔地中海望欧洲，南接南部非洲，西临大西洋，东有红海，是陆上交通亚欧非三洲间的重要中转站，战略地位极其重要。该区域地貌单一，地形以高原为主，地势较为平坦，气候干旱，沙漠广布。有世界上最大的沙漠——撒哈拉沙漠，地中海沿岸有狭小的冲积平原——尼罗河谷地和三角洲，西北分布有阿特拉斯山脉。由于气候干热，终年降水很少，难以形成河流和湖泊，因此河流湖泊稀少。

由于地处北回归线附近，北非大部分地区受副热带高气压带影响，全年受热带大陆气团控制，气流以下沉为主，主要处于热带沙漠气候，降水较少，温度高，特别干旱；同时，气温日变化率增大。北非与亚洲大陆紧邻，东北信风从东部陆地吹来，不易形成降水；其海岸线平直，东侧的埃塞俄比亚高原对湿润气流起阻挡作用，大部分内陆地区受不到海洋影响；西岸有加那利寒流经过，对西部沿海地区起到降温减湿作用，使沙漠逼近西海岸。北非北部的地中海沿岸地区为典型的地中海气候，气候干燥，终年降水很少，气温年较差大、日较差小。夏季气压带风带北移，在副热带高压控制下，气流下沉，因此炎热干燥；冬季气压带风带南移，受来自海洋的盛行西风影响，温和多雨。

2. 气象灾害对交通的影响

撒哈拉沙漠贯穿非洲的北部，面积约900万平方千米，约占整个非洲面积的1/3。由于北非的地理环境和气候特点，最明显的自然灾害是干旱和沙尘暴，其中沙尘暴对交通安全运营的影响较大。2018年3月28日，北非埃及、苏丹等国发生特大沙尘暴，严重时能见度不足百米，导致交通事故频发，部分重要道路被迫关闭，喀土穆国际机场被迫关闭，苏丹北部尼罗州发生一起严重车祸，造成至少4人死亡。

在苏丹北部境内的撒哈拉南缘出现的湿热强风称为哈布风暴（Haboob），又叫哈布尘风。常出现在夏季，携带大量的沙尘，有时还有暴雨雷电和小龙卷风。主要发生在下午和傍晚，通常持续约半个小时到3小时。这是夏季赤道锋向北移动，并从几内亚湾携带水气进入北非的结果，与地中海的低气压区系统相关。沙尘暴到来时，沙尘暴前锋呈高墙状的沙尘壁，典型的沙尘暴高数百米，沙尘壁以每秒10米多的速度移动迅速。苏丹北部每年5—7月都会遭受数次沙尘暴的袭击（图3.15），哈布风暴不仅给苏丹北部地区带来严重的生态灾难，导致马路上车辆停驶，还严重影响着该地区的飞行安全。

北非的沙漠和其他较为干旱的地区偶尔也会发生暴雨，且由于这些区域对于洪水的防灾减灾能力（交通规划和设施以及灾前预警、灾时抢险、灾后救援、民众防范意识等）较差，一旦洪灾发生，往往造成较大影响。北非最北端的突尼斯，常年降雨稀少。但在1969年9—10月，由于亚速尔群岛上空高压区发生位移，与来自苏联上空的冷气团结合，突尼斯连续38天降暴雨，导致河流水位暴涨，洪水席卷了从突尼斯湾到布格拉湾的大片土地，受灾地区占国家总体面积的80%，损失价值共计2亿美元。洪水冲掉了数十个村庄；沿海城镇在水灾中悉遭破坏，数十座城镇陷入汪洋；冲毁了 35 座桥梁。

图 3.15 苏丹北部沙尘暴
（图片来源：http：//www.weather.com.cn/zt/kpzt/421603.shtml，
http：//tieba.baidu.com/p/5490305281）

此外，如低能见度、强风等交通气象高影响天气也会对北非的交通造成一定程度的不利影响。如 2002 年 5 月 7 日，埃及航空公司一架从埃及首都开罗飞往突尼斯的客机，因云雨、大风和低能见度在突尼斯首都机场附近山丘坠毁，机上 62 人中至少有 18 人死亡。

3. 小科普：交通致灾因子之沙尘暴

沙尘暴是地面条件和天气过程共同作用的产物。沙尘暴的形成要有沙源地，从地表性质看，土质松软、干燥、无植被或草木生长及没有积雪；从气象条件看，有强烈而持续的地面风、垂直不稳定的气象条件，没有降水。一年中，冬末春季为沙尘暴发生的主要季节，其中以3—5月发生频率最高；一天中，主要发生在下午和傍晚。特强沙尘暴又称为"黑风暴"，俗称"黑风"。风扬起的沙子形成一堵沙墙，所过之处能见度几乎为零。它是强风、浓密度沙尘混合的灾害性天气现象。强风是启动力，具有丰富沙尘源的荒漠是构成黑风暴的物质基础。通常，能见度小于1千米的称为沙尘暴，能见度小于50米的称为黑风暴。因此，沙尘暴发生时大气能见度降低，是影响交通运输安全的主要原因之一。

沙尘暴对公路运输及车辆性能造成一定影响。当车辆在沙尘暴天气行驶时，沙粒很容易进入气缸而附着在气缸壁上，与润滑油混合后形成大量的研磨沙，导致发动机动力下降，烧机油，排气管冒黑烟。如不及时排除，将大大缩短发动机的使用寿命。沙尘还会对行驶系的轮毂及轮毂轴承、传动系的中间轴承及伸缩节等造成影响，中间轴承内若进入沙粒，将导致轴承严重磨损，易引发事故，轮毂内若进入沙粒，易出现制动噪声、制动打滑和制动困难。

沙尘暴对高速铁路也会造成影响。高速列车在行驶过程中，若受到强横风的作用，列车的气动性能便会迅速恶化，尤其是在风沙环境下，横风将会严重影响旅客乘坐舒适性并对运行安全造成严重影响。

沙尘暴天气对飞行活动也会造成影响。沙尘天气一般会导致大风、低能见度，造成航空器迷航，看不清跑道而无法着陆，也会因能见度很差而造成机场关闭，航空器只能返航或者备降。强风对民航飞机的起飞降落有较大影响，一旦风的强度超过相应的安全标准，飞机就无法起飞降落；当侧风很大时，飞机容易失去平衡，特别是飞机在强侧风条件下着陆时，容易造成飞机偏离跑道，在跑道外接地，甚至可能发生轮胎破裂和起落架折断等事故，往往导致许多航班由于误入沙尘区看不清跑道被迫返航、备降、延误或取消，从而影响到航班正常飞行。

第十节 东 非

1. 区域气候特点

东非处于非洲东部地区,北起厄立特里亚,南迄鲁伍马河,东临印度洋,西至坦噶尼喀湖。地形以高原为主,海拔较高,大部分海拔 1000 米以上,是全洲地势最高地区;沿海有狭窄低地。东非大裂谷纵贯南北,谷地深陷,两边陡崖壁立,沿线多乞力马扎罗、肯尼亚等火山和埃塞俄比亚等大小熔岩高原。东非区域处地中海、印度洋、大西洋水系的分水地区,多数河流东流注入印度洋。尼罗河发源于西部山地,湖泊众多,除维多利亚湖、基奥加湖外,多属断层湖,并顺裂谷带呈串珠状分布,构成著名的东非大湖带。

东非的气候类型以热带草原气候为主,气温较低,空气中水汽含量较少,降水量少。内陆地区昼夜温差大、气候干燥、风大、水资源匮乏。由于该地区并非常年受赤道低压控制的,而是受赤道低压带和信风交替控制,因此垂直地带性明显,高山地区凉爽湿润,沿海低地南部湿热,北部干热。每年 6—10 月,气压带、风带向北移动,东非高原处于北半球的部分受赤道低压控制处于湿季,南半球部分受信风影响处于干季;11 月至次年 5 月反之。

2. 气象灾害对交通的影响

东非大部分地区降水量少,主要的气象灾害为干旱。但少数地区的年降雨量超过 1000 毫米且多为对流性降雨,而且降水量变化很大,强降水及引发的局地性洪水等气象灾害对交通造成不利影响。此外,多雨地区还会发生冰雹,如肯尼亚的克里罗高地是世界上降雹最多的地区之一,每年有 100 天以上的降雹,也会影响交通运营安全。

2017 年 5 月,东非肯尼亚、坦桑尼亚等多国接连遭暴雨袭击并引发洪水。如肯尼亚蒙巴萨市,在最潮湿时候的月平均降雨量为 320 毫米,但此次过程中,每天的降雨总量都超过了200毫米(图3.16)。暴雨伴随的强风导致肯尼亚沿海地区渡轮服务暂停。

图3.16 2017年5月,肯尼亚蒙巴萨市遭暴雨并引发洪水

(图片来源:http://entafrica.com/news/ss/gjgx/ea/2017/0516/1130.html)

2018年3—5月,东非多地开始进入雨季,多地受到历时长、范围广、强度大的暴雨天气和灾难性的洪水影响,造成132人死亡,超过22万人流离失所。据联合国粮农组织(FAO)称此次洪水为该地区迄今为止最严重的洪水灾害之一,大多数地区的水位达50年以来的最高值。索马里地区的河流内洪水肆虐,特别是本国内重要的河流——谢贝利河(Shebelle)和朱巴河(Jubba),洪水冲毁了桥梁和房屋。肯尼亚受毁的农田面积超过纽约市的面积,其首都内罗毕和第二大城市蒙巴萨,一些街区被洪水淹没而导致交通瘫痪(图3.17)。

图3.17 2018年3—5月,东非多地遭洪水影响交通出行

(图片来源:http://sh.qihoo.com/pc/9aaf4195c77c474b5?sign=360_e39369d1)

气象与交通 <<<

热带风暴是影响东非地区交通运行安全的气象灾害之一。东非地区的莫桑比克海峡位于马达加斯加和非洲之间,由于海水经过夏季的强烈升温,当表面约50米厚的水层至少达到27℃时,可能会产生热带风暴。2019年3月中旬,东非地区莫桑比克、津巴布韦、马拉维等国遭受强热带气旋"伊代"(登陆时强度相当于我国标准的强台风—超强台风等级)袭击,带来飓风强度的风、印度洋海啸以及极端降雨量,引发毁灭性的洪灾,是当地几十年来遭遇的最大自然灾害(图3.18)。莫桑比克第二大城市贝拉不仅遭遇了强风暴雨,严重影响道路交通;还由于这座城市位于河流入海口处,遭遇了凶猛风暴潮的袭击,而风暴潮引发的洪水沿河倒灌,导致贝拉码头受损,贝拉机场关闭。在洪水退去后,岩石和淤泥阻塞了道路。

图3.18 2019年3月中旬,强热带气旋"伊代"严重影响东非地区交通安全
(图片来源:https://baijiahao.baidu.com/s?id=1628396189443629427&wfr=spider&for=pc,
https://www.sohu.com/a/302932869_120007067)

东非气象部为海运提供的预报也有明显的作用。例如，每年沿东非和索马里海岸有几个月比较频繁地出现 8 级以上大风。及时发布大风警报，预报出大风范围和强度有利于船舶行驶和保障海上人员的生命安全。

3. 小科普：交通致灾因子之热带气旋/台风

热带气旋或台风，会带来强风、暴雨和风暴潮等气象灾害，进而引起洪涝灾害。其破坏力十分巨大，会导致陆上、航空、航海交通的中断，甚至造成交通事故和人员伤亡。尤其是对于海上交通运输，特别是在航道狭窄、岛礁密布的地带，巨浪、风暴潮淹没岛礁，降低能见度，极易对过往船只航行安全形成重大威胁，造成船只沉没、人员伤亡。其次，沿海水利工程、交通基础设施等也会受到巨浪的影响，尤其是海堤工程，一旦损毁，沿海人民的生命财产安全将受到极大的影响，造成交通运输系统故障。

强风、暴雨、洪涝等灾害对交通的影响在相应章节有详细说明，此处着重讲述风暴潮对交通运营安全带来的影响。风暴潮是指由于强烈大风扰动，引起近海水面异常升高，海水侵溢上陆的现象。会倾覆海上船只，破坏海上设施，且严重侵袭沿岸地区，淹没城镇、村庄、耕地，破坏房屋与工程设施，甚至造成人员伤亡。尤其在季风活跃期间，大风、大浪往往相伴而生，船舶的可控性降低，易偏离航向，在浅水区域发生触礁等危险事件，甚至还出现船舶倾覆的可能。剧烈的大气扰动导致海水异常升降，与天文潮叠加在沿海近岸形成极具破坏力的风暴潮灾害。风暴潮带来的狂风恶浪可冲毁港口及航区的基础设施，吞噬码头，对近岸航行船只造成极大的安全威胁。

第四章
"一带一路"经济走廊与气象

"一带一路"横跨亚非欧三大洲,穿越太平洋、印度洋、大西洋、北冰洋四大洋,目标是要基本实现政策沟通、设施联通、贸易畅通、货币流通、民意相通。六大经济走廊作为战略支柱,是"一带一路"的主要走向、区域经济合作网络的重要框架,可以为总体建设打开局面,为最终实现三个共同体目标奠定建设基础。近年来,六大经济走廊将沿线60多个发展中国家列为中国对外交往的优先对象,将"一带一路"倡议落到了实处,已经取得了良好的开端。

交通设施互联互通是"一带一路"重点建设的先行工作,《推动共建丝绸之路经济带和21世纪海上丝绸之路的愿景与行动》中提出,要抓住交通基础设施的关键通道、关键节点和重点工程,优先打通缺失路段,畅通瓶颈路段,配套完善道路安全防护设施和交通管理设施设备,提升道路通达水平。为此,中国积极与各方探讨跨境交通基础设施建设,打通从太平洋到波罗的海的运输大通道,开展亚洲公路网、泛亚铁路网规划和建设,与东北亚、中亚、南亚及东南亚国家开通公路通路 13 条、铁路 8 条。其中最重要、最现实可行的通道路线是：日本—韩国—日本海—扎鲁比诺港—珲春—吉林—长春—白城—蒙古—俄罗斯—欧盟的高铁和高速公路规划。这些设施建设，将为"一带一路"打下牢固的物质基础，为各国经济发展和人员往来提供便利。

在"一带一路"建设背景下，丝绸之路沿线各国迎来了新的发展机遇，经济、社会、文化交流更加频繁，对气象保障的需求也更加旺盛。特别是在全球气候变暖背景下，沿线主要国家抗灾能力较弱，而高温热浪、暴雨洪涝、台风干旱等气象灾害频繁发生，在基础设施建设、交通运输活动、生态环境保护等过程中都需要充分考虑气候变化影响，并提供准确、及时、专业的气象保障。

第一节　经济走廊交通建设

经济走廊建设对"一带一路"倡议的推进实施意义重大，它由中蒙俄、新亚欧大陆桥、中国—中亚—西亚、中国—中南半岛、中巴、孟中印缅等六大经济走廊组成，直接连接俄罗斯、中亚、东南亚、南亚，贯通东北亚、中东欧、西欧、西亚、非洲等地，辐射世界其他区域，是"一带一路"全面推进的基本支撑框架，是分区施策的主要载体。

面对新的国际和区域复杂形势，尽管六大经济走廊建设面临诸多问题和挑战，但始终扎实推进，并已初见成效。总体而言，中巴经济走廊起步早、进展快，已实质性启动一批重点项目建设，中蒙俄三方已就建设经济走廊达成共识，新亚欧大陆桥经济走廊、孟中印缅经济走廊建设在稳步向前推进，中国—中亚—西亚、中国—中南半岛经济走廊也在积极规划建设中。通过口岸、公路、铁路等基础设施建设，畅通水陆空联运通道，拓展建立交通全面合作平台和机制，加快提升道路联通水平。

1. 中蒙俄经济走廊

中蒙俄经济走廊是丝绸之路经济带的一部分，分为两条线路：一是从京津冀到呼和浩特，再到蒙古和俄罗斯；二是从大连、沈阳、长春、哈尔滨到满洲里和俄罗斯的赤塔。两条走廊互动互补形成一个新的开放开发经济带，统称为中蒙俄经济走廊。中蒙俄三国地缘毗邻，有着漫长的边境线，发展战略高度契合，利于资源优势互补。建设关键就在于把丝绸之路经济带同俄罗斯跨欧亚大铁路、蒙古国草原之路倡议进行对接。通过铁路、公路等基础设施的互联互通建设，实现运输便利化，以促进三国贸易合作。

中蒙俄经济走廊作为"一带一路"框架下首条正式开建的多边经济走廊，是多边开放合作的成功典范。东北通道连接东北三省，向西到俄罗斯赤塔进入亚欧大陆桥，"津满欧""沈满欧"等"中俄欧"铁路国际货物班车已经开通。在中蒙二连浩特—扎门乌德跨境经济合作区，中方将主要实施"三横四纵"主干道20千米、"两横三纵"次干道13.5千米的建设。策克口岸跨境铁路是中国提出"一带一路"倡议后，通往境外的第一条标轨铁路，建成后将与京新铁路、临策铁路、嘉策铁路以及拟建的额酒铁路相连，构成南联北开、东西贯通的能源输送网。中蒙"两山"铁路，则是连接中国内蒙古阿尔山市至蒙古国东方省乔巴山市的国际铁路，建成后将与俄罗斯远东铁路相连，形成一条新欧亚大陆陆桥。莫斯科—喀山高铁项目，作为中俄共建的欧亚高速运输走廊的重要组成，预计建成后整个行程只需要3.5个小时，未来还将最终融入中国"八纵八横"高速铁路网络。乌力吉公路口岸建设将使乌力吉口岸成为打通中国、蒙古国、俄罗斯之间最便捷的陆路大通道及"一带一路"的重要枢纽节点。

2. 新亚欧大陆桥

新亚欧大陆桥又称"第二亚欧大陆桥"，是六大经济走廊中的第一个经济走廊，与古丝绸之路重合较多，是从江苏省连云港市到荷兰鹿特丹港的国际化铁路交通干线。国内由陇海铁路和兰新铁路组成，途经江苏、安徽、河南、陕西、甘肃、青海、新疆7个省区，到中哈边界的阿拉山口出国境。出国境后可经 3 条线路抵达荷兰的鹿特丹港，其中中线与俄罗斯铁路友谊站接轨，途经斯摩棱斯克、布列斯特、华沙、柏林，全长 10900 千米，辐射世界 30 多个国家和地区。新亚欧大陆桥覆盖超过世界 75% 的人口、60% 的领土面积、50% 的经济总量，为沿线国家贸易来往提供方便，降低了运输成本及运输风险。

中欧班列是往来于中国与欧洲以及"一带一路"沿线各国的集装箱国际线路联运班列，目前已开行 3700 多趟，从中国西安等 25 个城市开往欧洲 11 个国家。通过运输协议的签订，通过 73 个口岸开通了 356 条国际运输线路，与 43 个国家空中直航，每周 4200 个航班，为中国与欧洲、中亚的贸易往来打开了便捷通道。中哈（连云港）物流合作基地是"一带一路"建设的首个实体平台，主要经营国际多式联运、拆装箱托运、仓储等国际货物运输业务。

3. 中国—中亚—西亚经济走廊

中国—中亚—西亚经济走廊东起中国，向西经中亚至阿拉伯半岛，是丝绸之路经济带的重要组成部分。它由新疆出发，抵达波斯湾、地中海沿岸和阿拉伯半岛，辐射哈萨克斯坦、吉尔吉斯斯坦、塔吉克斯坦、乌兹别克斯坦、土库曼斯坦、伊朗、土耳其等国，是连接中国与西亚、北非和欧洲的中枢，也是"丝绸之路经济带"向西推进的必经之路和核心地带。丝绸之路经济带中线框架下的新跨国铁路，经过中亚地区将中国铁路与伊朗和土耳其的准轨铁路连接起来，打破现存的诸多壁垒，使中国—中亚—西亚国际运输走廊进入高效运转的时代。

中国—中亚—西亚国际运输走廊目前有新开辟的"丝绸之风"项目和哈土伊铁路，以及运行多年的中哈乌土伊铁路。卡姆奇克隧道是乌兹别克斯坦"安格连—帕普"铁路建设的重点和难点工程。隧道全程 19.2 千米，穿越库拉米山、萨尼萨拉克萨伊河等复杂地质环境，是共建"一带一路"互联互通合作的示范性项目，已于 2016 年年中正式通车。安伊高铁二期覆盖路段全长158千米，设计时速250千米，是中国企业在北约国家拿下的第一单高铁项目，截至2016年，已安全商业运营两年，并移交土耳其铁路总局。"瓦赫达特—亚湾"铁路全长48.65千米，是中国铁路首次在塔吉克斯坦承揽的工程项目，已于2016年8月正式通车。

4. 中国—中南半岛经济走廊

中国—中南半岛经济走廊以广西南宁（东线）、云南昆明（西线）为起点，以新加坡为终点，纵贯中南半岛，途经越南、老挝、缅甸、泰国、柬埔寨、马来西亚等东盟主要成员，是中国连接中南半岛的大陆桥，也是中国与东盟合作的跨国经济走廊。中南半岛地处中国与南亚次大陆、印度洋与太平洋之间，历史上曾是海上丝绸之路的中枢。中国与中南半岛国家是友好邻邦，经济互补性强，市场容量、合作空间和发展潜力巨大。

目前，"一带一路"倡议已和越南的"两廊一圈"构想、柬埔寨的"四角"战略、印尼的"全球海洋支点"构想、哈萨克斯坦的"光明大道"发展战略等有关规划实现对接。中缅油气管道的投运使中国开辟印度洋能源通道，对中国西南地区的经济发展起到促进作用。在"一带一路"倡议的实施下，沿线基础设施不断改善，印尼雅万高铁、中老铁路、中泰铁路、马来西亚南部铁路、匈塞铁路、南海国际邮轮母港及航线建设等重大项目都在有序推进。原先处于边缘地位的中亚、南亚、西亚以及非洲等地区将借此机会寻求自身发展，并促进全球生产网络的再度繁荣。

5. 中巴经济走廊

中巴经济走廊的初衷是加强中巴之间交通、能源、海洋等领域的交流与合作。起点在喀什，终点在巴基斯坦瓜达尔港，全长3000千米，贯通南北丝路关键枢纽，是一条包括公路、铁路、油气和光缆通道在内的"四位一体"通道，也是"一带一路"六大经济走廊的旗舰走廊。

巴基斯坦是中国通往印度洋、连接海湾和西亚的陆地通道，是中国深入中东的门户。南部的瓜达尔港距世界石油运输管道霍尔木滋海峡约 400 千米,地处印度洋和太平洋数条海上重要行业的咽喉之处,成为航线转载仓储与运输的重要中转港。中巴经济走廊的远景规划覆盖新疆喀什到瓜达尔港的"四位一体"通道,还将在沿线建设交通运输建设项目,包括喀喇昆仑公路二期、卡拉奇至拉合尔高速公路、瓜达尔港、巴基斯坦 1 号铁路干线、拉合尔轨道交通橙线等,以改善巴基斯坦及两国间的交通基础设施状况。

6. 孟中印缅经济走廊

孟中印缅经济走廊是古代南方丝绸之路的重要路段,也是当代丝绸之路的重要组成部分,北起中国云南(昆明),途径缅甸、印度和孟加拉国直达印度洋,拥有独特地缘优势。缅甸位于南亚、东南亚和东亚三大地缘板块的结合之处,是从中国西南进入印度洋以及印度进入东盟的战略通道;印度是南亚地区最大的经济体,也是中国重要的贸易伙伴;孟加拉国位于中国、印度与东盟三大经济体交会处,地理位置优越;而印度洋则是中国能源和对外贸易的重要战略通道。因此,孟中印缅经济走廊建设倡议对深化四国间友好合作关系,建立东亚与南亚两大区域互联互通有重要意义。

中缅油气管道作为多国合作的国际化商业项目,已发展为中缅两国能源合作的重要平台,是孟中印缅经济走廊基础设施建设的先导项目。其中天然气管道起点为缅甸皎漂,原油油管起点为缅甸西海湾马德岛,从中国瑞丽入境后,接入保山,借由澜沧江跨越工程连接大理,继而经由楚雄进入昆明。中缅国际铁路的计划路线走向基本与中缅油气管道平行,目前广通至大理、大理至瑞丽铁路投资额和工程实物量都有较大突破。临沧是连接太平洋和印度洋最近的陆路通道,是南北连接渝新欧国际大通道、长江经济带和海上丝绸之路的"十字构架"中心位置,是国家"一带一路"建议的重要节点。预计 2021 年建成通车的大临铁路东起昆明,向西成为中缅国际通道（泛亚铁路）的重要组成部分，对于临沧这一辐射南亚、东南亚的前沿窗口意义重大。

第二节 气象监测网络

从古至今，丝绸之路都是促进东西方政治、经济、文化综合发展和交流最有效的桥梁和纽带。推进交通建设，形成我国与周边国家和区域交通运输互联互通的新格局，完善"一带一路"综合交通运输体系的先导作用，已成为经济带建设的重中之重。但在全球气候变化的背景下，自然灾害已成为"一带一路"沿线可持续发展的重大威胁。

面对气象灾害的风险，可以提前预判，规避风险。气象观测是风险评估与监测预警的基础，通过"一带一路"立体气象观测网络的建立及全球共享机制的健全，可以为丝绸之路气象保障服务奠定资料基础，降低灾害性天气对沿线国家生产、生活和基础设施建设的威胁。但目前，"一带一路"辐射区域的气象监测、气候观测及数据应用能力发展不平衡，特别是交通、生态等专业气象监测系统有限，还不能满足多样化、多维度的气象保障服务需求。

1. 地面气象观测站

截至2017年，我国境内平均每30千米就有一个地面气象观测站，这样的站网布局大幅度提升对20～50千米天气系统和灾害性天气的监测捕获能力，也使得对中小尺度特征及气象要素的空间分布刻画得更加准确。尽管如此，我国对气象灾害多发重发、气象服务重点、天气预报关键区域的监测能力依然偏弱，特别是交通气象专业监测网络布局松散，部分敏感气象要素和灾害易发路段存在监测空白，有限的监测能力远不能满足多样化的专业气象服务需求。

气象观测资料的全球交换为开展"一带一路"气象保障服务奠定了资

料基础。从目前参与国际交换的观测站点分布来看，分布不均，且部分国家和地区仍较稀少，特别是欠发达地区。如在中亚和西亚地区，气象观测设施落后，观测站点稀少且多处于瘫痪状态，观测能力明显不足。未来可以通过共同建站、资料交换等方式实现加密观测资料的共享。对此，中国气象局已经启动"一带一路"沿线国家和地区气象观测站网布局工作，将通过天－地综合气象观测的布局定位，满足"一带一路"沿线天气预报、气候预测、公共服务等气象保障的新需求（图4.1）。同时，基于中国气象数据网建立了"一带一路"气象专题，并正式上线提供服务。

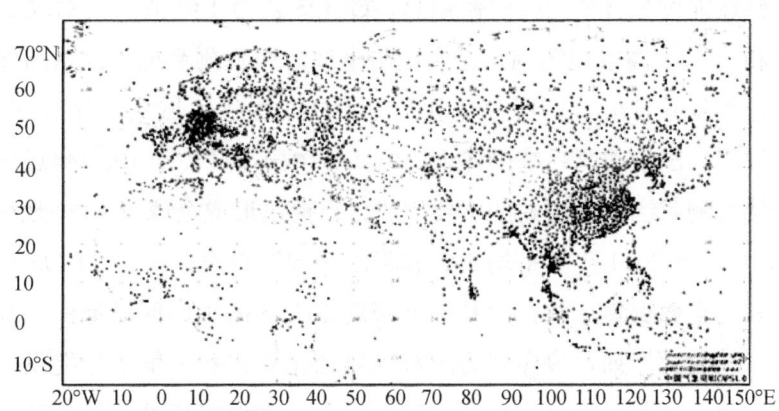

图4.1 天气预报业务系统中显示的参与全球交换的地面气象观测资料站点分布
（引自王维国等《"一带一路"建设气象服务能力分析》）

"一带一路"综合交通布局规划也将气象观测设施纳入重点工程和基础设施建设内容，在基础设施建设较为落后的南亚、中亚的重点区域援建气象观测站；通过交换机制的建立健全，构建交通气象观测资料汇交网络，扩大国家之间的资料共享交换范围和频次，实现交通气象服务向覆盖公路路面、铁路沿线等专业气象观测的拓展。2017年11月，我国援建的瓜达尔港自动气象站正式落成并投入使用，可为入驻中巴瓜达尔港自由贸易区内的各方企业提供精准的气象预报和灾害预警信息。气象站的建成，极大提高了当地远海捕鱼的工作效益。

围绕国家"一带一路"倡议，地方也在积极行动。如云南省气象局在

《"一带一路"气象保障行动方案》中指出:"重点聚焦建设适应澜沧江—湄公河流域发展的综合气象保障服务体系。"其中,关累港气象观测站的建设,将弥补勐腊西部边境区域气象数据的空白,同时将为今后"一带一路"气象保障服务提供数据支持,为关累港口的发展保驾护航。

2. 全球气候观测系统

全球气候观测系统(GCOS)由世界气象组织(WMO)、政府间海洋委员会(IOC)、联合国环境署(UNDP)和国际科学联盟(ISCU)共同组建,旨在提供综合全面的气候信息。GCOS致力于维护升级GCOS地面观测网和GCOS高空观测网,已实现与全球海洋观测系统、全球陆地观测系统的合作,并将综合利用卫星和地基系统,提供区域或专题观测资料,以支持发展中国家观测系统的建设。GCOS中国委员会于1997年成立,已成为全球观测系统不可或缺的重要组成。目前已形成全球1040个地面观测站点1700年至2011年月平均气温和降水基础资料集;一套GCOS台站观测地面和高空数据集,并在此基础上研发GCOS的中国区域地面和高空观测站均一化温度序列,该序列为应对气候变化研究和决策工作提供了可靠的数据支撑。这些成果也将在"一带一路"基础设施建设及气象防灾减灾中发挥重要作用。

2017年,中国提名的4个台站(呼和浩特、长春、营口、香港)被认定为世界气象组织首批长期气象观测站。同时,中国还积极响应GCOS对非洲气候观测网络不足的关注,对肯尼亚、纳米比亚等非洲7个国家开展大规模气象援助。未来,针对我国及"一带一路"沿线气象监测、高空探测及数据应用能力不足的问题,将继续发挥大国作用,积极推进专业气象观测站网建设和基础资料汇交共享,通过提高气象信息化、集约化和标准化水平,为实现丝绸之路经济带气象保障提供坚实基础。

3. 卫星遥感监测

"一带一路"沿线途径山地、高原、沙漠、戈壁、海洋等复杂地理环境与自然条件。受其影响，地面观测站点分布不均，整体气象监测能力有限。气象卫星在高空实施对地观测，空间辐射范围大，时间取样频次高，资料一致性较好，可以实现地球—大气系统多参数、全天候、立体化的稳定监测，哪怕是在海洋、极地和沙漠地区，有效弥补了全球地面气象观测的短板。

为此，进一步优化卫星观测布局，建立以卫星遥感为核心的"天空地"一体化气象综合观测网，可以获取基本覆盖"一带一路"陆地海洋服务区、天气气候敏感区及关键区的可靠观测数据，以提高气象灾害监测能力。我国拥有极轨气象卫星和静止气象卫星组网，可以对全球天气系统进行观测，并为"一带一路"沿线国家提供空间数据、环境现状信息支持，对可能遭遇的风险给予分析与预警。

截至目前，中国已成功发射 17 颗风云气象卫星，形成 7 颗在轨稳定运行的全球气象卫星星座系统。作为全球综合地球观测系统的重要成员和空间与重大灾害国际宪章机制下的值班卫星，风云气象卫星不仅服务于自身，同时为全球 90 多个国家和地区的 2600 多个用户提供资料和产品，其中覆盖"一带一路"沿线 37 个国家和地区，在国际气象灾害预警和应急救援方案形成与实施方面中发挥重要作用，是气象服务保障"一带一路"建设的生动体现。

①风云二号 H 星

风云二号 H 气象卫星（FY-2H）于 2018 年 6 月 5 日发射成功，是我国第一代静止卫星风云二号的最后一颗星。FY-2H 最终定点在印度洋上空（东经 79 度），首次实现了中国静止气象卫星对大洋洲到中非范围内地球 1/3 区域的持续观测，可以为西亚、中亚、非洲和欧洲等国家提供良好的观测视角和定制化的高频次区域观测。未来，FY-2H 将专注为中国西部地区、"一带一路"沿线国家的气象预报、防灾减灾等提供支撑。

风云二号 H 星与风云二号 E、F、G 星组成的多星观测网，为全球气候监测和天气预报提供实时动态监测资料，并首次实现 15 分钟间隔双星连续加密观测，有力提升了中国的气象综合监测能力。与此同时，澳大利亚、日本、美国、欧洲及东南亚等20多个国家和地区可以接收风云二号卫星云图资料，成为遥感卫星运营服务的典范。

②风云三号气象卫星

风云三号气象卫星（FY-3）是我国的第二代极轨气象卫星，能够获取全球、全天候、三维、定量、多光谱的大气、地表和海表特性参数，对云区和地表特征的遥感能力显著提高。目前已成功获取大量全球大气观测数据，监测产品在全球自然灾害、环境监测以及应对气候变化工作中得到广泛应用，进一步提高我国对全球大气、陆地和海洋的监测能力。

其中，2017年11月发射的风云三号D星搭载了红外高光谱大气垂直探测仪，采用的是国际上最先进的傅里叶干涉探测技术，可以将大气温度和大气湿度廓线反演精度提高1倍以上，极大提升对中长期数值天气预报的支撑能力，并将预报时效延长2—3天。风云三号D星与风云三号C星共同组网，增强了对温室气体监测及空间环境与气象遥感的探测能力，为促进生态文明建设、国家综合防灾减灾和"一带一路"建设等提供重要支撑。

③风云四号A星

2016年12月，新一代静止气象卫星风云四号A星（FY-4A）成功发射，其搭载的干涉式大气垂直探测仪填补了世界在该领域观测的空白，闪电成像仪填补了我国在该领域观测的空白。经过对获取的图像和数据初步分析，风云四号卫星的主要探测功能得到全面验证，综合探测能力达到国际领先水平。FY-4A首次实现静止轨道高光谱大气垂直观测，可获取大气温湿结构信息，将有力推动天气预报准确率和精细化水平。

风云四号A星已经开始为全球70多个国家和地区以及国内2500家用户提供卫星资料和产品，部分技术指标如表4.1。随着更为先进的风云四号系列卫星的投入使用，"一带一路"沿线对灾害性天气的监测及预报将更加准确及时。

表 4.1 FY-4A 部分技术指标

名称		指标要求
多通道扫描成像辐射计（AGRI）	空间分辨率	0.5~1.0 km（可见光），2.0~4.0 km（红外）
	成像时间	15 min（全圆盘），3 min（1000 km×1000 km）
	定标精度	0.5~1.0 K
	灵敏度	0.2 K
干涉式大气垂直探测仪（GIIRS）	空间分辨率	2.0 km（可见光），16.0 km（红外）
	光谱分辨率	700~1130 cm^{-1}；0.8 cm^{-1}；1650~2250 cm^{-1}；1.6 cm^{-1}
	探测时间	35 min（1000 km×1000 km）；67 min（5000 km×5000 km）
	定标精度	1.5 K
闪电成像仪（LMI）	空间分辨率	7.8 km
	成像时间	2 ms（4680 km×3120 km）
轨道及精度要求		地球同步轨道，东/西±0.2°、南/北±0.2°

第三节 气象保障服务

"一带一路"沿线国家和地区正处在世界环太平洋和北半球中纬度两大自然灾害带上，气象灾害频发，各国气象服务能力和水平差异较大，整体防灾减灾能力较弱。据国际灾害数据库的统计显示："一带一路"沿线相对灾害损失是全球平均值的两倍以上，且以气象灾害居多。《应对气候变化报告（2017）》中指出，"一带一路"沿线主要国家的气候风险水平普遍偏高，南亚和东南亚地区尤为突出，对沿线国家的人民生命财产安全、基础设施建设和生态环境等产生了深远影响。据统计，1995—2015年，全国气象灾害受损的前十个国家中，"一带一路"沿线国家占了7个，包括极端降雨、寒潮暴雪、异常高温、超强台风等及其产生的灾害事件。可见，气候变暖和气象灾害是制约当地经济社会发展和对"一带一路"建设响应参与能力的重要因素。

随着丝路沿线国家经济文化交流的更加频繁,对气象保障的需求也越来越旺盛,特别是旅游、交通运输、重大工程建设等活动更需要专业的气象保障。可以说,气象服务的发展水平直接影响"一带一路"建设的推进实施。因此,将气象保障参与到"一带一路"建设的实施中,合理利用天气气候资源,降低气象灾害风险,意义重大且需求迫切。

经过四十多年的努力,我国在自然灾害的形成机理、监测预警、风险管理和灾后重建等领域取得重要成果,构建了较为完备的防灾减灾体系,并助力"一带一路"气象安全保障线的建设。2018年1月,中国气象局出台的《气象"一带一路"发展规划(2017—2025年)》中就明确指出:到2025年,面向"一带一路"建设的综合气象观测体系基本完善,卫星技术得到广泛应用,沿线重点区域观测站网基本建成。陆上以沿线中心城市为支撑,为重点经贸产业园区提供气象服务,与沿线国家就新亚欧大陆桥、中蒙俄、中国—中亚—西亚、中国—中南半岛等国际经济合作走廊共同提供气象保障;海上以重点港口为节点,气象保障通畅、安全、高效的运输大通道;大力提升中巴经济走廊、孟中印缅经济走廊气象防灾减灾与公共服务的能力,提供优质气象保障。

1. 气象卫星应用

当前,中国已经实现了极轨气象卫星更新换代、组网观测,静止气象卫星双星观测、在轨备份的业务模式,卫星遥感应用服务无论在国内还是国际都取得了令人瞩目的成就。

中国气象局建立了20年的卫星气候资料集,风云卫星数据还通过"风云卫星数据遥感服务网"面向全国共享,惠及"一带一路"沿线国家的各个行业。2018年,建立了风云气象卫星国际用户防灾减灾应急保障机制,当沿线国家和地区遭受台风、暴雨、强对流、森林草原火灾、沙尘暴等灾害时,可申请启动该机制，第一时间获得风云卫星 5—6 分钟一次的高频次云图及相关定量产品。目前包括伊朗、阿尔及利亚、蒙古在内的 14 个"一带一路"沿线国家已正式成为其用户，为区域灾害防御提供及时的信息保障支持。

2016 年 8 月，巴基斯坦开伯尔－普赫图赫瓦省遭遇强降水诱发的山体滑坡。灾害来临前，风云二号 E 星提前捕捉到强降水迹象，及时发出预警信息，避免了人员伤亡。2019 年 3 月，热带气旋"伊代"为非洲多国带来灾难。中国气象局第一时间利用风云卫星进行监测，通过世界气象中心（北京）网站提供服务产品，为非洲等国家开展防灾减灾工作提供支持，这也是以风云卫星为代表的中国气象科技服务全球的最新案例。

风云气象卫星数据的分享应用离不开中国气象局卫星广播系统（CMACast）。CMACast 作为世界气象组织三大卫星广播网之一，是全球对地观测数据广播系统的核心成员，是气象数据资料广播分发业务的主渠道，并为亚太地区气象信息广播服务提供传输手段。目前，CMACast 已在亚太地区 19 个国家推广应用，帮助获取风云气象卫星及其他常规数据。在 2015 年尼泊尔"4·25"地震期间，当地通信系统全部中断，正是靠不依赖当地通信条件的卫星数据广播系统，使得风云卫星数据成为尼泊尔震后 24 小时之内抗震救灾的重要保障。与此同时，中国气象局持续举办的专题风云气象卫星应用国际培训班，输出学员 430 多名，提升了国际用户的卫星应用能力。

2018 年 4 月 23 日，中国国家航天局、中国气象局以及亚太空间合作组织签署合作意向书，向亚太空间合作组织及其成员国提供实时风云气象卫星数据；对当地的中国气象局卫星广播系统接收站进行升级，以促进"一带一路"空间信息走廊建设。

2. 预报技术能力

面对气象灾害的风险，可以"预"字当头。中国具备的数值天气预报业务自主研发体系成为"一带一路"气象服务中的重要技术基础。GRAPES 是我国自主研制的新一代数值预报全球模式（GRAPES_GFS V2.0），于2016年6月投入业务化运行，是持续提升数值预报核心技术的重要成果。自业务化以来，GRAPES运行稳定，在北半球的平均可用预报时效达到7.3天，已为柬埔寨、老挝、泰国、越南、菲律宾、斯里兰卡等东南亚国家以及乌兹别克斯坦、哈萨克斯坦、塔吉克斯坦、吉尔吉斯斯坦等中亚国家提供每天两次的预报产品，提升了丝路沿线国家的灾害性天气预报预警能力。

我国气象全球预报能力不断提升。目前，中国气象局全球中短期气象要素网格预报系统正式试运行；开展的国外城市天气预报达到6000多个，其中，亚洲和欧洲城市约占一半以上；全球台风业务也已全面布局，目前已开展了北印度洋热带气旋预报业务。2017年，中国气象局被正式认定为世界气象中心。目前已开发基于数值天气预报、集合预报、气候预测的产品30余类，制作提供风云卫星系列图像和天气分析产品，通过门户网站为全球各国气象部门提供气象业务产品和指导。2018年6月，中国气象局被正式指定为负责海洋气象服务的区域专业气象中心和第三极区域气候中心；2018年7月，由中国民用航空局、中国气象局和香港天文台联合建设的亚洲航空气象中心正式运行，可对未来6小时的影响因素提供专业预报，每天滚动制作发布危险天气资讯产品多达30余种，覆盖亚洲26个国家和地区。与此同时，中国气象局还与"一带一路"沿线国家气象部门合作开展区域气候变化、季节气候预测等方面研究，开发针对东南亚、南亚和中亚地区的气候应用产品，以加强"一带一路"沿线气候分析，为全球应对气候变化贡献力量。

除了中国气象局，地方气象局部门也在积极行动。西安市气象局率先开展了"一带一路"气象服务工作，在西安电视台推出包括"丝绸之路经济带"沿线的19个城市和"21世纪海上丝绸之路"沿线的9个城市的24小时天气预报；内蒙古自治区气象部门以"中欧班列"为重点，制作发布"一带一路"沿线国家城市气象预报；海南气象部门依托智能网格预报业务体系提升预报能力，服务铺向整个南海区域，并延伸至"21世纪海上丝绸之路"沿线等。未来,这一气象服务范围还将进一步扩大。

3. 系统平台支持

基础监测数据的应用与预报技术的体现离不开系统平台的支持。在产业配套方面,中国气象业务软件系统研发能力较强。其中,气象信息综合分析处理系统(MICAPS)已捐赠给巴基斯坦、蒙古、菲律宾、印尼、吉尔吉斯斯坦等17个国家应用;陆面数据同化系统(CLDAS-V2.0)已实现产品覆盖由中国区域向亚洲区域的扩展,远洋气象导航系统也达到世界领先水平。

现代化人机交互的MICAPS系统,是中国气象部门气象卫星、天气雷达和数值预报、站点实况等产品综合应用最强有力的业务技术支撑平台。其4.0版本历经四年的研发,已于2016年初全面进入业务应用。首次使用纯数据库取代传统的文件系统,能够实现更快速的预报、更绿色更便捷的操作,是气象大数据信息处理与天气预报制作的典范平台。2015年尼泊尔地震后,MICAPS成了当地气象局地震后24小时内的主要天气预报平台,为做好抗震救灾气象保障服务和灾后搜救工作提供了有力保证。

陆面数据同化系统利用数据融合与同化技术,对地面观测、卫星观测、数值模式产品等多源数据进行融合,获取高质量的温度、气压、湿度、风速、降水、辐射等要素格点数据及土壤温湿度等路面变量。CLDAS-V2.0系统已于2017年6月投入业务化运行,覆盖印尼、老挝、马来西亚、缅甸、菲律宾、新加坡、泰国、越南、哈萨克斯坦、吉尔吉斯斯坦、塔吉克斯坦、乌兹别克斯坦等"一带一路"沿线国家。产品通过中国气象数据网、CMACast等方式,实时、稳定地向相关部门的天气预报、洪涝和干旱监测等业务提供数据服务。

2016年初,上海市气象局联合华风气象传媒集团等,依托高分辨率大气和海洋数值模式等核心技术,建成一套拥有自主知识产权的远洋气象导航系统。该系统可综合考虑船型、船龄、船舶尺度等基本参数,航区及航线沿途港口信息，以及该航次的海洋气象条件等因素，优化船舶初始航线，并根据海洋气象条件变化实时调整、推荐航线。目前，该系统已具备3千米分辨率的船舶追随精细化预报服务能力，可通过卫星定位为航行中的远洋船只发布实时预警信息，已先后为20多艘远洋船只提供服务，市场前景与应用价值可期。

不仅如此，气象服务软实力也随着系统平台走出国门。自2017年起，我国为中交建的绞吸船、耙吸船、拖带船等工程船舶的中国内至马来西亚、斯里兰卡航线，东非沿岸拖带服务等提供多个航次的气象导航服务，打破了发达国家在远洋导航领域的垄断。

4. 预警发布网络

对于预警信息的发布，中国气象部门已与各级政府部门建立了紧密的联动机制，在信息传播、防灾减灾决策、灾害应对动员等方面建立了一整套行之有效的管理体系。国家突发事件预警信息发布系统作为由政府部门负责组织协调，气象部门承担建设运维的多灾种预警信息汇集和发布的权威平台，已经建成并投入运行。集成手机、传真、邮件、网站、高音喇叭、显示屏、广播、电视、微博、微信等多种信息发布手段，1分钟内即可发布到受影响地区的应急责任人。

中国气象局与香港天文台联合发起的"提升世界气象组织二区协（亚洲）减轻气象灾害风险能力试点项目"已进入初步实施阶段。待亚洲区域气象预警支持平台建成后，将汇聚和发布亚洲各国预警信息，进一步提升区域灾害管理能力。

气象部门依托现有的气象预警信息发布网络，将互联网的创新成果与预警信息发布深度融合，建立"一带一路"沿线、一体化的气象信息全媒体（电视、网站、广播、手机客户端）发布体系。中国气象局也组织制定了气象信息化发展的一系列文件，并确定了"智慧气象"的发展方向，这些成果都将为"一带一路"气象服务发展提供很好的技术支撑。

5. 气象合作项目

"一带一路"倡议与 WMO 计划相得益彰，也使得我国气象参与"一带一路"倡议有了更清晰的路线，并得到国际社会的普遍认可。"一带一路"沿线国家气象防灾减灾救灾、生态文明保障、应对气候变化等能力还有较大差距，尤其是一些东南亚、南亚和中亚国家的气象业务服务水平还比较低。相比之下，我国气象现代化和服务整体水平具有较明显的特色和优势，加强"一带一路"气象合作，建设气象安全保障线也是我国气象工作的重要使命担当与实力体现。

中国与中亚、上海合作组织气象部门在大气科学、气候变化研究、丝绸之路经济带气象保障等方面取得阶段性合作成果。在《中亚气象防灾减灾及应对气候变化乌鲁木齐倡议》的框架下，我国推动建立了中亚大气科学研究中心，连续举办四届中亚气象科技国际研讨会，在乌兹别克斯坦建立自动气象站，在哈萨克斯坦建立交通气象站，与吉尔吉斯斯坦共建森林生态气象监测站和冰川全要素天气自动气象站等。瓜达尔燃煤电站项目是"一带一路"建设在建工程项目之一，已列入中巴经济走廊框架中，旨在为瓜达尔提供充足的电力供给。新疆克拉玛依市气象局为该项目提供温度、湿度、风向、风速、气压、雨量等数据，为电站位置布局、运行规划提供气象条件参考，这一成效也要归功于我国在瓜达尔港建设的首个港口气象站。

针对"21 世纪海上丝绸之路"，中国气象局进一步推进与东盟国家气象部门的合作，逐步构建了重点服务南海、覆盖印太地区的区域气象合作体系。目前，已成立了东盟大气探测合作研究中心；为老挝、缅甸等国家建设气象视频演播系统；帮助缅甸开展高分辨率数值预报系统和高性能计算机建设。

作为南南合作典范，中非气象部门的务实合作持续推进。自 2013 年开始对科摩罗、津巴布韦、肯尼亚、纳米比亚、刚果（金）、喀麦隆和苏丹非洲7国实施气象设施项目援建。建设内容覆盖地面气象观测系统、探空站、风云气象卫星接收站、气象通信网络、气象信息综合分析处理系统、预警收音机等。除了设施援建,中国气象局还通过派专家实地维护、举办培训班、远程支持等方式为受赠方提供持续维护和技术支持。作为首批受益的非洲国家之一,津巴布韦气象防灾预警能力提高了60%,这些援助项目改进了非洲气象灾害的监测预报预警,为保护非洲人民生命财产安全做出贡献。

此外,中国气象局通过双边气象科技合作促进与其他国家的交流。2017年至今,中国与哈萨克斯坦、越南等10个国家举行了双边会议,在合作机制、防灾减灾救灾、气象科技发展等方面取得显著效果。

第四节 交通气象保障着力点

"一带一路"是我国面对世界发展新格局提出的一个具有突破性、全局性、长远性的建设倡议。服务保障这项雄伟的建设工程,是我国气象事业的重大使命。气象服务参与"一带一路"的发展,不仅可以利用自身优势为区域经济发展提供防灾减灾服务,保障交通路线安全畅通,还有利于提升自身能力,打造有竞争力的国际气象服务品牌,彰显大国力量与民心相通的美好愿景。尽管气象服务保障"一带一路"建设已初见成效,但对于交通运输等专项气象服务还存在气象监测和数据应用能力不足、气象科技支持能力不够、专业气象服务能力总体不强、对外合作保障机制尚未建立等问题。提升交通气象服务保障"一带一路"建设能力水平,秉承开放包容、共商共建共享,关注周边、辐射沿线,统筹协调、共同推进的原则,可以考虑从以下着力点出发:

①提升"一带一路"沿线交通主干线及枢纽的气象监测与资料获取能力,开展示范建设,拓展风云气象卫星等关键设备的应用服务能力。加强与沿线国家交通基础设施建设相配套的气象观测网络建设,搭载在交通工

具上的气象监测设备及预警信号接收设备。对接"一带一路"综合交通布局规划，推进丝绸之路经济带国际公路、铁路运输通道交通气象监测站网建设以及国内交通气象监测站网布局优化，将气象观测设施纳入"一带一路"重点工程和基础设施建设内容。通过共同建站、气象观测资料交换等多种方式，进一步促进"一带一路"沿线气象资源共享互通，发挥气象站网、技术和数据优势。建立健全国家之间的交通气象要素监测信息交换机制，构建气象观测资料汇交网络，扩大国与国之间的资料共享交换范围和频次，实现交通气象服务以基本气象观测资料为主向覆盖公路路面、铁路沿线等专业气象观测资料的拓展。

②提升面向全球服务的交通预报业务能力建设，增加覆盖度和精细化水平，提升防灾减灾服务能力。在"全球观测、全球预报、全球服务"的基本气象服务保障格局基础上，面向"一带一路"沿线和全球其他区域重点发展专项气象服务，提升气象信息覆盖能力。建立"一带一路"沿线精细化气象要素预报系统，实现主要城市、港口、口岸和交通枢纽站点的精细化气象要素预报，提高"一带一路"交通沿线灾害性天气预报能力。开展交通主干线及枢纽的气象灾害风险普查与评估，确定交通气象灾害类型，建立交通气象灾害风险预警技术体系，开发智能化、精细化的交通气象预报产品。在此基础上，强化面向全球的精细化服务能力，实现"一带一路"重要城市、港口、航线以及重要节点的定点、定时、定量风险预警与专业预报服务，并通过多种手段及时发布，实现面向公众、重大工程、高风险行业的防灾减灾服务。

③进一步适应沿线国家和地区特点，提高科学技术支撑能力。围绕公路、铁路、航线运输的专门需求，发展精细化的交通气象低能见度、路面状况、海上大风、边坡地质灾害等的预报模型。构建交通气象灾害监测预警指标体系，发展基于多源观测数据和区域数值模式的专业预报预警模型，开展交通气象灾害风险评估与风险预警技术研究，研发具有针对性的高影响天气预报预警服务产品，为面向专业用户的交通气象服务系统和交

通气象预警设备提供服务。配合国家战略,建立保障不同重大工程建设的气象预报预警指标体系和气象风险防御机制,做好建设项目的气候可行性论证,开展应对气候变化设施援助,为建设运维提供精准气象服务。

④进一步加强与"一带一路"沿线国家气象部门之间的政策沟通和衔接,提升交通气象保障科学研究与人才培养的支持力度。政府部门有效建立丝绸之路各国气象保障合作与发展交流的双边、多边机制。中国气象局借助国际平台,发挥我国作为WMO区域中心现有多边合作机制作用,以国家推进"一带一路"多边合作项目及基础设施项目为契机,探索"一带一路"交通气象服务多边合作平台建设。充分集合现有资源与平台,搭建交通气象服务推介平台,有力拓展交通气象海外业务发展空间。对于交通气象这类融合型学科,特别需要加强人才培养与科研支持力度,成立专门的气象服务机构开展相关业务,以更好地为"一带一路"建设提供高质量的交通气象保障服务。